나만의 아이패드 드로잉

프로크리에이트로
쉽게 그리는

나만의
아이패드
드로잉

초판 인쇄일 2020년 8월 21일
초판 발행일 2020년 8월 28일
2쇄 발행일 2020년 10월 21일
3쇄 발행일 2021년 2월 26일
4쇄 발행일 2022년 7월 26일

지은이 달콩(서은숙)
발행인 박정모
등록번호 제9-295호
발행처 도서출판 혜지원
주소 (10881) 경기도 파주시 회동길 445-4(문발동 638) 302호
전화 031) 955-9221~5 팩스 031) 955-9220
홈페이지 www.hyejiwon.co.kr

기획 · 진행 김태호
디자인 조수안
영업마케팅 황대일, 서지영
ISBN 978-89-8379-506-9
정가 23,000원

이 도서의 국립중앙도서관 출판예정도서목록(CIP)은 서지정보유통지원시스템 홈페이지(http://seoji.nl.go.kr)와
국가자료종합목록 구축시스템(http://kolis-net.nl.go.kr)에서 이용하실 수 있습니다. (CIP제어번호 : CIP2020031865)

프로크리에이트로
쉽게 그리는

나만의
아이패드
드로잉

혜지원

머리말

어렸을 적부터 그림 그리기를 좋아했던 저는 아날로그 특유의 감성적인 그림을 좋아했어요. 수채화의 번져 가는 느낌, 색연필의 아기자기함, 오일 파스텔의 부드러운 느낌, 연필 특유의 아날로그 느낌 등 다양한 채색 도구로 그림을 그려 가는 것을 좋아해요. 그래서 미대를 졸업한 후에도 그림 그리는 것을 놓지 않았고, 현재 아이패드로 디지털 느낌이 아닌, 손그림 같은 따뜻한 느낌의 그림을 그려 가고 있어요. "그림이 참 따뜻하네요."라는 응원의 말은 저를 더 따뜻한 그림으로 이끌어 주는 것 같아요. 여러분에게도 따뜻하고 감성적인 그림을 그릴 수 있도록 나눠 드리고 싶답니다.

이 책은 '아이패드로 내 그림을 그리고 싶다.'라는 마음에 초점이 맞춰져 있어요. 물론 프로크리에이트가 핵심이긴 하지만, 프로크리에이트 메뉴만 안다고 해서 그림을 잘 그릴 수 있을까요? **단지 프로크리에이트 메뉴 설정에 국한된 것이 아니라 '그림'이라는 전반적인 지식도 함께 녹여 내어 응용 그림을 그릴 수 있도록 제작했답니다.** 프로크리에이트라는 어플은 단지 그림의 재료이고, 왜 그렇게 그려야 하는지에 대해서도 알아 가며 나만의 그림을 그릴 수 있게 다뤘어요. 프로크리에이트 메뉴의 노하우들은 초록색으로 메뉴 Tip이라고 표기하였고, 그림에 대한 노하우들은 빨간색으로 그림 Tip이라고 표기했어요.

앞에서 말씀드렸듯이, 아이패드 프로크리에이트는 아주 훌륭한 미술 재료랍니다. 언제 어디서든 다양한 브러시로 내가 그리고 싶은 그림을 그릴 수 있어요. 맛집에서 찍은 디저트, 여행지에서 보는 멋진 풍경, 소중한 가족들과 지인들의 모습 등 내가 그리고 싶은 것들을 디지털 드로잉의 장점을 살려 쉽게 수정하며 그려 나갈 수 있어요. **캐릭터부터 명암이 있는 전문 그림, 색연필 느낌과 수채화, 오일 파스텔, 유화 등 다양한 그림을 배우고 싶으신 분들과 1일 1그림을 실천하고 싶으신 분들, 일상의 특별함을 느끼고 싶고 나만의 힐링을 원하는 분들에게 이 책이 도움이 되었으면 합니다.**

그림은 소질이 있어야 그릴 수 있는 것이 아니에요. 그림을 좋아하는 마음, 그 마음이 바로 소질입니다. 여러분들의 그림을 표현하세요.

이렇게 '책'이라는 매체를 통해 그림 소통을 할 수 있도록 도움을 주신 모든 분들께 너무너무 감사드립니다. 항상 옆에서 포근하게 지켜 주는 사랑하는 남편 알콩과 우리 딸 별콩 그리고 사랑하는 우리 엄마와 우리 가족, 든든한 지원군인 산곡씨앤씨 미술학원 원장님과 선생님들, 선생님이 최고라고 말하며 믿고 따라 주는 중등반 학생들 모두모두 최고입니다. 또한 이 책을 손꼽아 기다려 주시는 아이패드 온라인 클래스의 모든 수강생 분들 항상 진심으로 감사드립니다.

달콩 (서은숙)

본문 구성

14 〈말주머니 레이어〉를 선택한 뒤 5번 노란색을 선택하여 채우고, 〈카메라 레이어〉를 선택한 뒤 21번 연한 회색과 23번 진한 회색, 2번 아이보리색, 27번 주황색으로 컬러드롭해 주세요.

레이어 선택

〈 〉 표시가 되어 있는 부분은
중간에 다른 레이어를 선택하여
작업해야 할 때예요.
꼭 올바른 레이어에 작업을 하세요.

15 마지막으로 글자에 색을 채울게요. 〈글자 레이어〉 섬네일을 선택하고 레스터화를 눌러서 이미지로 만들어 주세요.

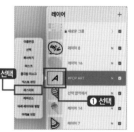

> ✏️ **그림 Tip** 텍스트로 작성한 문구를 꾸미려면 레스터화를 해 주어야 그림으로 인식되어 꾸미기에 편해요.

16 글자 레이어의 알파 채널 잠금을 활성화해 주세요. 9번 빨간색, 18번 초록색, 7번 분홍색, 20번 하늘색으로 사선을 그어 색을 칠해 주세요.

가이드 선

필요성이 있어 보이는 부분에 한해
순서 가이드를 추가했어요.
설명과 가이드 선대로 잘 따라 하며
작업을 순조롭게 진행하세요.

> 🖐 **레이어 체크**

17 글자의 색이 더욱 돋보이도록 할게요. 글자 레이어 아래에 새 레이어를 추가해 주세요. 팔레트에서 24번 검은색을 선택하고 글자 모양을 따라서 테두리를 그려 주세요.

> ✏️ **그림 Tip** 글자의 색이 여러 색으로 이루어져 있기 때문에 검은색으로 테두리를 주면 정리되어 보이고 더 선명해져요.

360 | 나만의 아이패드 드로잉

레이어 체크

새 레이어를 추가할 때는 레이어의 순서가 정말 중요해요.

각 작품의 마지막에는 레이어 순서 사진이 있어요.

레이어를 추가할 때는 레이어 순서 사진을 참고하며 레이어 체크를 잘해 주세요.

🐚 레이어 체크

18 이제 꾸미기 요소를 더욱 줄게요. 맨 위에 새 레이어를 추가해 주세요. 팔레트에서 1번 하얀색을 선택하여 글자에 동그라미를 그려서 하이라이트를 주고, 카메라에도 하이라이트를 그려 주세요.

메뉴 Tip, 그림 Tip

본문에는 다양한 Tip들이 있어요.
메뉴 Tip은 프로크리에이트의
메뉴 노하우와 관련된 Tip,
그림 Tip은 그림 노하우와
관련된 Tip이에요.
Tip을 잘 익혀 두면 자신만의
그림을 그릴 때 아주 유용해요.

19 다른 오브제에도 하얀색으로 하이라이트를 그려 주세요.

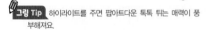

✏️ 그림 Tip 하이라이트를 주면 팝아트다운 톡톡 튀는 매력이 풍부해져요.

🐚 레이어 체크

20 오브제 주변에 팝아트 패턴을 그릴게요. 가장 아래에 새 레이어를 추가해 주세요. ✏️(브러시툴)에서 팝아트 브러시를 선택해 주세요. 팔레트에서 5번 노란색을 선택하여 롤러스케이트 한쪽과 글자 주변에 패턴을 그려 주세요. 이후 6번 연한 분홍색으로 말주머니와 아이스크림에 패턴을 그려 주세요.

브러시 설정

✏️(브러시툴)에서 그림을 그릴
브러시를 선택할 때, 어떤 브러시를
선택해야 하는지와 크기와
불투명도를 어떻게 설정해야 하는지
정리한 부분이에요.

🖌 설정 팝아트 브러시

크기는 적당히 불투명도는 최대로 설정

목차

PART 1 프로크리에이트야, 반가워!

CHAPTER 1 프로크리에이트 알아보기

CHAPTER 2 프로크리에이트 워밍업

PART 2 | 다양한 브러시로 그려 보기

PART 4 그림 스타일을 더욱 넓혀 봐요

CHAPTER 1 빛으로 그림 스타일 UP

CHAPTER 2 움직이는 그림 GIF

CHAPTER 3 그림 스타일의 한계는 어디까지?

Dal-Kong's Gallery

따뜻한 내 일상 그리기

색연필 브러시
Colored Pencil Brush

Romantic

Goodnight.

A cute girl

Green Forest

수채화 브러시

Water color Brush

@ Dal-kong

SED, 84

6세, 풍선만 봐도
행복해지는 나이.

그라데이션 - 물방울

그라데이션 - 구름

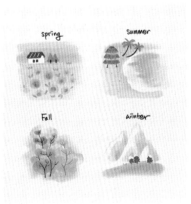

spring   summer

Fall   winter

오일 파스텔 브러시

Oil Pastel Brush

@dal-kong

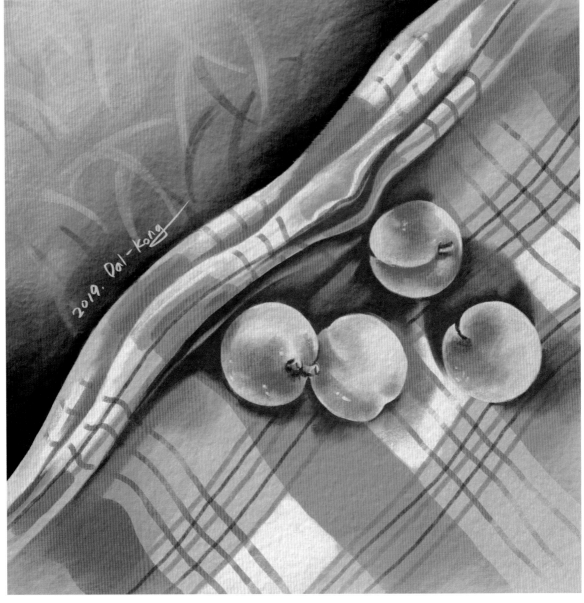

유화 브러시

Oil Painting Brush

아이패드 드로잉을 위한 기본 준비

1. 아이패드와 애플펜슬

아이패드로 그림을 그리기 위해서는 꼭 필요한 준비물이 있답니다. 바로 파우치에 쏙 넣고 다닐 수 있는 아이패드와 애플펜슬이에요. 두 가지만 있다면 내가 원하는 장소에서 원하는 그림을 마음껏 그릴 수 있기 때문에 꼭 필요한 재료예요. 애플펜슬로 디테일하게 그림을 그려 나갈 거니 아이패드는 애플펜슬이 호환되는 기종이면 돼요. 아이패드와 애플펜슬은 서로 호환되는 기종들이 있으니 잘 살펴서 구매해 주세요.

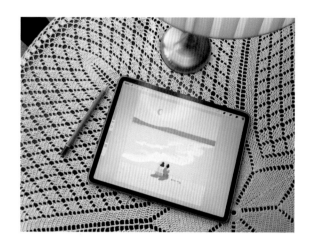

2. 부가적인 준비물

저는 손그림을 많이 그리다 보니 종이의 거칠거칠한 느낌이 편해서 종이 질감의 필름을 부착하여 사용하고 있어요. 디지털 드로잉을 처음 시작하시는 분들의 경우 애플펜슬로 그리다보면 미끄러지는 느낌이 자신과 맞지 않을 텐데, 이때 종이 질감 필름을 붙이면 디지털 드로잉을 처음 시작하시는 분들도 잘 적응할 수 있으세요. 또한 애플펜슬로 그릴 때 액정에 부딪히는 소리가 덜 나서 기분 좋은 그림을 시작할 수 있답니다.

3. Procreate(프로크리에이트) 어플

아이패드 앱 스토어에서 영문으로 procreate를 검색하여 설치해 주세요. 프로크리에이트는 깔끔한 인터페이스와 다양한 브러시, 활용도가 높은 메뉴들로 인해 많은 일러스트레이터들이 사랑하는 어플이랍니다. 한 번의 구매로 추가 비용 없이 평생 무료 업데이트를 받을 수 있으며, 기기를 바꾸어도 이어서 사용할 수가 있기 때문에 무척 편리한 미술 재료 어플이에요. 책을 읽기 전에 꼭 구매하여 준비해 주세요.

아이패드 드로잉을 위한 달콩의 전용 가이드

"따뜻한 그림을 그리기 위한 가이드, 다운로드받으러 가기"

1. 도화지 질감 캔버스

아날로그의 감성이 듬뿍 묻어나는 도화지 질감의 캔버스를 제작했어요. 이 도화지 질감의 캔버스는 여러분의 그림을 한층 더 예뻐 보이게 하는 매력이 있답니다. 이 책을 통해 그림을 함께 그릴 때 이 캔버스를 꼭 사용해 주세요!

• 도화지 질감 캔버스 사용 방법

도화지 질감 캔버스는 보존하는 것이 좋아요. 그래서 갤러리에 보이는 캔버스를 왼쪽으로 스와이프하면 이렇게 메뉴가 뜨는데, 여기에서 복제를 눌러 주세요. 그림을 그릴 때마다 캔버스를 복제하여 사용해 주세요.

캔버스를 눌러 안으로 들어가면, 레이어가 사진과 같은 모양으로 되어 있을 거예요. 맨 위에 있는 '새로운 그룹'은 도화지 질감이 나게 설정해 두었으니 삭제를 하거나 내용값을 변경하지 않도록 조심해 주세요. 삭제되지 않도록 제가 '잠금'으로 설정해 두었어요. 도화지 위에 그림을 그린 것처럼 느끼기 위해서는 '새로운 그룹' 레이어 아래에 새 레이어를 추가하면서 그려 주세요.

 메뉴 Tip

레이어를 추가하는 부분은 앞으로 그림을 그려 나가면서 차차 배울 거예요.

2. 색칠을 도와줄 팔레트

그림을 그려 갈 때는 어떤 색을 쓰고 그 색의 명도와 채도를 어떻게 바꾸어야 하는지에 대한 '기준'이 필요해요. 그리기에 조금 더 집중할 수 있도록 팔레트를 공유해 드려요. 책에서 팔레트 색을 말할 때는 아래의 번호와 색 이름으로 전달하고 있어요. 단, 아주 똑같은 색으로 그림을 진행하지 않아도 되니 색을 '맞추는' 것보다는 비슷한 색을 직접 만들어 그리는 것도 좋아요.

▶ 팔레트 색 이름

1번-하얀색

2번-아이보리색

3번-살구색

4번-연한 노란색

5번-노란색

6번-연한 분홍색

7번-분홍색

8번-진한 분홍색

9번-빨간색

10번-파란색

11번-연한 보라색

12번-보라색

13번-연한 주황색

14번-연한 민트색

15번-민트색

16번-녹두색

17번-연한 초록색

18번-초록색

19번-진한 초록색

20번-하늘색

21번-연한 회색

22번-회색

23번-진한 회색

24번-검은색

25번-황갈색

26번-연한 갈색

27번-주황색

28번-갈색

29번-적갈색

30번-진한 갈색

• 팔레트 기본값으로 설정하기

제가 공유해 드린 팔레트는 기본값으로 설정하면 앞으로 그림을 그릴 때 편하실 거예요. 팔레트(= 색상 원)를 누르고 아래 옵션에서 또 팔레트를 눌러 주세요. 제가 공유해 드린 팔레트 위에 '기본값으로 설정하기'가 있을 거예요. 누르면 '기본'이라고 글씨가 바뀌고 파란색으로 바뀌어요.

• 팔레트 클래식으로 보이게 하기

팔레트는 여러 형태로 보이게 할 수 있어요. 이 책은 소통을 위해 아래의 옵션바 중 클래식으로 보이게 한 뒤 함께 그려 나갈 거예요. 클래식은 명도와 채도를 조정하기 좋은 구성으로 되어 있어 여러분과 색을 잘 맞추어 그리기 좋답니다.

31

3. 다채로운 커스텀 브러시

프로크리에이트는 아주 많은 브러시를 공유해 주고 있어요. 프로크리에이트가 가지고 있는 브러시들과 제가 직접 제작한 브러시들을 한 곳에 모아서 공유해 드려요. 그림을 그려 나갈 때 브러시를 일일이 찾는 것도 무척 번거로운 일이에요. 이 책은 다양한 채색 기법을 익히는 책이기 때문에 아날로그 느낌이 나는 브러시들을 빠르게 찾아 그리기에 집중해 봐요. 이 브러시들은 다양하게 활용할 수 있지만 제가 주로 어떻게 사용하는지에 대해 설명해 드릴게요.

· 브러시들이 갖는 간단한 특징

❶ Sign 브러시: 나만의 도장과 사인을 만들 수 있는 브러시예요. 내 이니셜이 새겨져 있는 브러시가 있으면 그림을 그린 후 콕콕 찍어서 표현하기에 편하겠죠?

❷ 라인 브러시: 깔끔한 선을 따기 좋고, 컬러드롭도 깔끔하게 칠해져 캐릭터를 그리기 좋은 브러시예요.

❸ HB 연필 브러시: 실제 연필과 같은 고운 입자로 되어 있어 손글씨를 쓰거나 아기자기한 그림 혹은 분위기 있는 소묘를 그리기에 좋은 브러시예요.

❹ 캘리그라피 브러시: 그림을 완성한 후 깔끔한 글씨를 적을 때 좋은 브러시예요.

❺ 색연필 브러시: 울퉁불퉁한 입자로 되어 있어 실제 색연필 느낌이 나서 아기자기한 그림이나 그림일기를 그릴 때 좋은 브러시예요.

❻ 드라이 잉크 브러시: 잉크 느낌이 나는데 번져 가는 느낌이 적당히 있어 캐릭터를 그리거나 어반 드로잉의 선을 그릴 때 좋은 브러시예요.

❼ 잉크 번짐 브러시: 사인펜과 비슷한 느낌이 나서 반듯하지 않은 동물 캐릭터나 발랄한 그림을 그리기에 좋은 브러시예요.

❽ 오일 파스텔 브러시: 제가 제일 많이 사용하는 브러시로, 파스텔 느낌과 비슷하여 부드럽고 몽글몽글한 그림을 그리기 좋은 브러시예요. 주로 디저트나 풍경, 초크아트를 그릴 때 좋아요.

❾ 크레파스 브러시: 어렸을 적 크레파스로 그리며 느꼈던 거칠면서 친근한 느낌을 담아 제작한 브러시예요. 오일 파스텔 브러시와 같이 입자로 되어 있지만 거친 느낌이 있어 색감으로 분위기를 내고 싶을 때 좋아요.

❿ 반짝이 브러시: 두 가지의 브러시를 혼합하여 제작한 브러시로 어두운 배경 위에서 더욱 빛나 보이고, 밝은 배경에서도 은은한 반짝임이 있어요. 그림을 완성한 후 꾸며 줄 때나 불빛, 문구에 활용하면 좋아요.

⓫ 수채화 브러시: 일반적인 정통 수채화 브러시보다는 불투명 수채화 느낌의 과슈브러시로, 어두운 색 위에 밝은 색도 잘 칠해져 입문자들도 수채화 느낌을 쉽게 표현하기 좋게 제작했어요. 붓을 겹쳐서 칠할수록 색이 진해져 풍경에 어울리는 브러시예요. 스머지툴과 함께 활용하면 수채화 특유의 번짐을 더욱 잘 표현할 수 있어요.

⓬ 에어 브러시: 라인 브러시와 같이 깔끔한 그림을 그리기 좋으며, 끝이 부드럽게 되어 있는 것이 라인 브러시와 다른 점이에요. 저는 지우개 브러시를 사용할 때, 깔끔하게 지우고 싶을 때 사용해요.

⓭ 픽셀아트 브러시: 레트로 감성을 표현하고 싶어서 제작한 브러시예요. 칸을 하나하나 채워 가는 브러시로, 모든 그림을 레트로로 바꾸어 주는 브러시예요.

⓮ 라이트 펜, 라이트 브러시: 네온사인 브러시로 그림을 그린 후 문구를 적거나 불빛이 있는 그림에 포인트를 줄 때 사용해요. 라이트 펜과 라이트 브러시의 차이점은 선의 두께감에 있으며, 특히 라이트 브러시는 붓의 질감으로 되어 있어 결이 돋보여요.

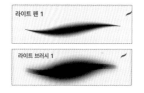

❺ 소프트 브러시: 브러시 끝이 부드럽게 되어 있어 한 가지의 색이 연하고 진하게 잘 표현돼요. 그래서 불빛이나 캐릭터의 볼터치를 표현할 때 좋아요.

❻ 팝아트 브러시: 개성 있는 팝아트를 칠할 때 좋은 패턴으로 되어 있어, 팝아트를 그리거나 그림에 질감을 추가할 때 사용하면 좋아요.

❼ 털어주기 브러시 : 물을 뿌린 듯한 느낌으로, 나뭇잎의 흩날림을 표현하거나 눈과 비를 표현할 때 사용해요.

❽ 유화 브러시 : 특유의 질감이 좋은 브러시로 풍경을 그릴 때 많이 사용해요.

아이패드로 내 그림을 그리기 위한 첫걸음

'따라 그리는 그림'이 아닌 '내 그림'을 그리고 싶다면 어떻게 그려야 할까요? 그리고는 싶은데 무엇을 그려야 할지 몰라서 그림의 시작을 미루거나 그림을 끝까지 완성하지 못하는 경우가 많아요. 그림을 본격적으로 그리기 전에, 꾸준히 내 창작 그림을 그리기 위한 노하우를 함께 알아봐요!

1. 그림은 손이 아닌 눈으로 성장하는 것!

저는 종종 학생들에게 그림은 '손'이 아닌 '눈'으로 성장한다고 이야기해요. 얼마만큼 많은 스타일의 그림을 보느냐에 따라 그림에 대한 경험이 풍부해져요. 그 경험을 바탕으로 내가 좋아하는 그림 스타일을 알게 되고, 따라 하고픈 욕구도 생긴답니다. 아이러니하게도 내 그림의 시작은 다른 사람들의 그림이라는 이야기예요. 창작이라는 거대한 타이틀로 내 그림의 시작을 늦추지 마세요!

> **많은 그림을 볼 수 있는 사이트** : 그라폴리오(Grafolio), 인스타그램(Instagram),
> 핀터레스트(Pinterest)

2. 내 그림을 그리기 위한 '소재' 찾기

내 그림을 그리고 싶다면 무엇을 그려야 할까요? 사물이나 풍경을 직접 보고 그리는 것이 제일 좋지만, 처음 그림을 그리는 사람들은 사물이나 풍경을 '어떻게' 그림으로 표현하는지 당연히 알 수 없어요.

실루엣은 어떻게 그려야 하는지 스케치는 어디까지 해야 하는지 색칠은 어떤 색으로 칠해야 예쁜지 아무런 '기준'이 없기 때문에 처음에는 당연히 어렵답니다.

실제로 보고 그리기 전에, 먼저 사진을 그림으로 표현하는 방법에 익숙해지는 것이 좋아요. 사진 중에서도 풍경보다는 간단한 오브제를 그려 보는 것이 좋아요. 풍경은 그릴 것이 많고 형태나 실루엣이 모호하기 때문에 그림을 끝까지 완성하는 성취감이 적어지기 때문이에요. 그래서 오브제 사진으로 먼저 그려 보고 풍경 사진에 도전해 보는 것이 좋답니다.

사진으로 그림을 그릴 때 조심해야 할 부분은, 저작권인데요. 직접 찍은 사진이 그림으로 표현하기 제일 좋겠지만 사진을 잘 찍기 힘들다면 무료 이미지 사이트에서 다운로드를 받아 그리셔도 돼요.

무료 이미지 사이트 : 픽사베이(pixabay.com)

3. 어떤 스타일로 그릴까?

내가 그림으로 그릴 소재가 결정되었다면, 어떤 스타일로 그릴지 생각해 주세요. 대부분의 그림 스타일은 크게 두 가지로 나뉘어요. 테두리가 있는 그림과 테두리가 없는 그림이에요. 테두리가 있는 그림은 캐릭터와 만화 느낌이 나고 깔끔하고 귀여운 이미지가 강해요. 테두리가 없는 그림은 따뜻하고 부드러운 일러스트와 회화 느낌이 난답니다. 이 두 가지 그림 스타일 중에 내가 더 좋아하는 스타일로 그리면 되고, 혹은 그릴 소재가 가지고 있는 느낌으로 결정짓기도 해요. 부드러운 느낌인지, 포근한지, 딱딱해 보이는지 등 이러한 느낌은 그림의 스타일과 연결되어 생각된답니다.

곰 인형 사진의 경우 털이 있고 부드러운 촉감을 가지고 있기 때문에 오일 파스텔 브러시처럼 부드러운 브러시를 사용하고, 털의 표현을 위해 테두리가 없는 그림으로 그렸어요. 반면 상점 사진의 경우 딱딱하고 넓은 면적의 건물이라 넓은 면적은 수채화 브러시로 그리고, 선명한 느낌을 위해 테두리가 있는 그림으로 그렸답니다.

이렇게 어떤 소재에 무슨 스타일로 적용할지 어떤 브러시로 그릴지는 이번 책에서 여러 스타일의 그림을 저와 함께 그려 보며 익혀 봐요!

4. 그림은 꾸준히 그려야 성장해요

오늘이 있고 내일이 있는 우리의 일상처럼 그림도 꾸준히 그려야 성장해요. 지치지 않고 꾸준히 그리려면 그리려는 목적이 있어야 돼요. 내가 그리려는 목적이 무엇인지 한번 생각해 보세요. 처음에는 힐링을 하는 마음으로 시작했을 그림이 꾸준히 이어지지 않을 때는 목적 동기가 있어야 한답니다. 이러한 목적 동기는 뿌듯함을 느끼는 것도 중요하지만 그림을 한장 한장 완성했을 때의 성취감이 눈으로 보이는 것이 제일 중요해요! 바로 그림 소통이에요.

요즘은 활발한 SNS를 통해 내 그림으로 아주
쉽게 소통할 수 있답니다. 하지만 SNS에 무작정 그림을 업로드하기보다는 어떤 유형의 그림으로 소통할지를 생각해 봐야 돼요.

내 생각과 하루를 녹여낸 그림일기로 소통할지, 디저트 그림으로 소통할지, 소재는 다양한데 부드러운 느낌의 그림으로 소통할지 등 통일성이 있는 그림 소통은 많은 사람들의 공감을 얻을 수 있답니다. 그림을 그리는 재미와 그림을 바라보는 재미를 함께 누리셔서 그림을 꾸준히 그려 나가셨으면 해요.

coloread raindrops

BIRTHDAY CONGRATULATIONS

PART
1
프로크리에이트야, 반가워!

프로크리에이트 알아보기

Basic

프로크리에이트
인터페이스 살펴보기

1. Gallery(갤러리)

프로크리에이트를 실행하면 처음 보이는 화면이에요. 이곳은 갤러리인데, 내가 그리던 그림들 혹은 내가 완성한 그림들을 한눈에 볼 수 있는 곳이랍니다.

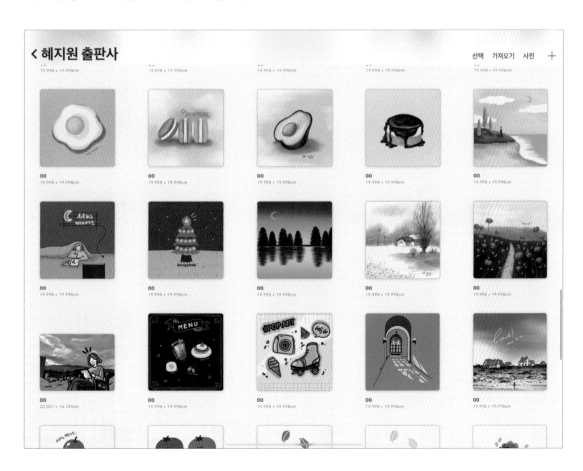

오른쪽 상단의 +버튼을 누르면 새 캔버스를 창작할 수 있는데요. 정해진 사이즈의 캔버스를 눌러 그릴 수도 있고 '새로운 캔버스'라는 글자 옆의 아이콘을 눌러 내가 직접 캔버스 사이즈를 입력해서 그릴 수도 있어요. 캔버스를 창작하고 완료를 누르면 자동적으로 그림 모드로 들어가지고, 다시 갤러리로 나오고 싶을 때는 왼쪽 상단에 있는 갤러리를 누르면 돼요.

💡 메뉴 Tip

➡ 캔버스를 창작할 때는 DPI의 설정값이 매우 중요해요. DPI란 그림의 해상도인데 보통 300으로 입력하여 제작해요. 해상도가 낮으면 그림이 깨지기 때문에 300 정도로 지정하여 인쇄한답니다. 단, 해상도가 높을수록 레이어를 만들 수 있는 수가 줄어드니 참고해 주세요.

➡ 제작 시의 유의 사항은 RGB와 CMYK인데요. SNS나 웹용으로 그릴 그림은 RGB[Display]로 설정하여 그리고, 그림을 인쇄하거나 굿즈를 제작할 때는 CMYK[Generic CMYK]로 설정하여 작업해야 돼요.

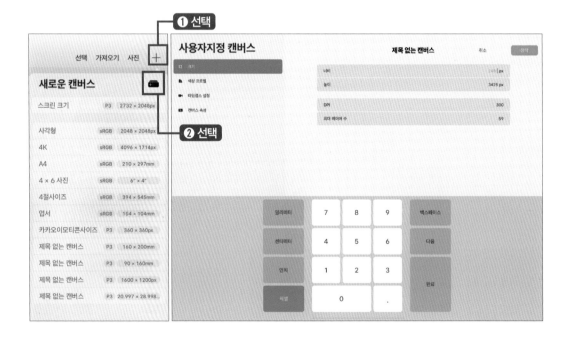

2. Interface(인터페이스)

프로크리에이트의 가장 큰 장점은 처음 시작하는 사람이 프로그램에 쉽게 적응할 수 있도록 직관적으로 구성되어 있다는 점이에요. 먼저 전체적으로 어떻게 구성되어 있는지를 간단하게 알아보도록 해요. 주로 사용하는 툴 위주로 설명을 할 텐데, 그 툴은 앞으로 그림을 그려 나가면서 익숙해지도록 해요.

위의 상단에는 내가 그리기 위한 메뉴들이 있어요. 왼쪽 상단에는 동작툴, 조정툴, 선택툴, 이동툴 등이 있는데 그림을 그려 나갈 때 보조 역할을 하는 메뉴들이랍니다. 오른쪽 상단에는 브러시툴, 스머지툴,

지우개툴, 레이어툴, 팔레트(= 색상 원)가 있는데 직접 그리기 위한 미술 재료 메뉴들이에요.

　왼쪽 중간에 위치한 곳에서는 브러시의 크기와 불투명도를 조절할 수 있고, 가운데의 네모는 스포이드 기능으로 그림의 색을 추출하는 데 필요해요.

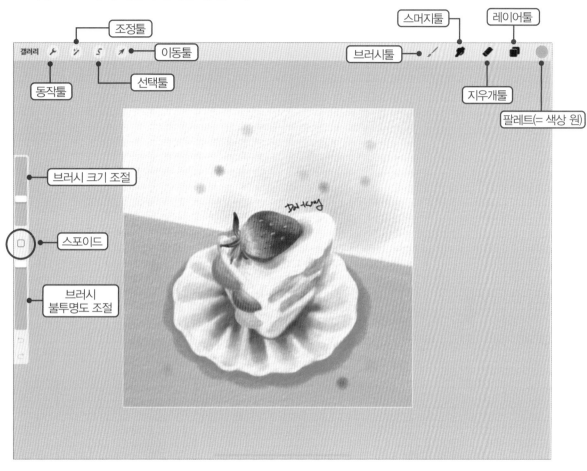

자, 그럼 상세하게 인터페이스를 알아봐요.

① 🔧 동작

• 추가

여러 가지를 추가할 수 있는 툴이에요. 저는 주로 사진 삽입하기와 텍스트 추가를 사용해요.

• 캔버스

캔버스를 잘라 내거나 그리기 가이드를 활성화하여 직선을 그릴 때 유용하게 사용해요. 애니메이션 어시스트를 활성화하면 GIF 애니메이션을 제작할 수 있어요.

• 공유

그림을 완성한 후 다양한 포맷의 파일로 내보내기를 하는 곳이에요.

- Procreate: 프로크리에이트 고유의 포맷이에요. 각각의 레이어가 살아 있는 채로 내보내기가 가능하여 나중에 그림을 수정하기 편리하답니다.

- PSD: 포토샵과 공유할 수 있는 포맷이에요. 똑같이 레이어가 살아 있는 채로 내보내기가 가능해요.

- PDF: 굿즈 제작이나 엽서 등 인쇄하기 위해 내보내는 포맷이에요.

- JPEG: 가장 많이 쓰이는 포맷 방식으로, 웹용으로 내보내기가 가능하여 SNS에 업로드하거나 사진첩, 갤러리에 보관하기가 좋아요. 용량이 작고 공유하기 쉬운 포맷이지만 레이어가 하나로 합쳐져 수정이 힘드니 그림을 완성한 후 포맷하는 것이 좋아요.

- PNG: 투명한 배경이 있는 포맷 방식으로, 이모티콘이나 디지털 스티커 제작 시 유용하게 사용해요.

- TIFF: 이미지의 화질이 그대로 보존되지만 모든 레이어가 하나로 합쳐져서 내보내기가 돼요. 인쇄 시에 사용하기도 해요.

- 움직이는 GIF: 움직이는 파일로 내보내기가 되기 때문에 애니메이션을 위한 포맷 방식이에요.

- 움직이는 PNG: 배경이 투명한 애니메이션을 위한 포맷 방식이에요. 움직이는 이모티콘을 제작할 때 유용한 방식이에요.

- 동영상 MP4: 동영상에서 주로 사용하는 포맷 방식이에요.

• 비디오

그리는 과정을 타임랩스, 빠른 동영상으로 기록해 줘요. 아이패드 용량을 많이 차지하기 때문에, 과정을 녹화하고 싶을 때만 활성화해 주는 것이 좋아요.

• 설정

그리기 전에 나에게 맞게 설정하는 곳이에요. 제가 사용하는 설정값을 알려 드릴게요.

- 밝은 인터페이스: 화면이 밝아야 그림이 어두워 보이지 않기 때문에 저는 밝은 인터페이스를 활성화하여 사용해요.

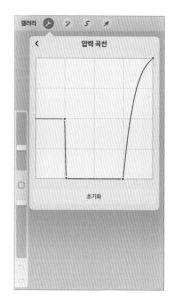

- 압력 곡선 설정: 저는 손에서 힘을 아주 많이 빼서 그리는 편이에요. 그래서 압력 곡선을 이런 모양으로 설정하여 그리는데요, 작은 힘에도 쓱쓱 잘 칠해져요. 단, 너무 힘을 주면 오히려 선이 끊기니 꼭 힘을 아주 많이 빼고 그려 주세요. 이렇게 설정하면 장시간 그림을 그려도 손목이 아프지 않고, 애플펜촉이 빨리 닳지 않아요.

- 제스처 제어: 제스처 제어를 눌러 일반을 누른 후, 터치 동작 비활성화를 활성화로 바꾸어 주세요. 그럼 애플펜슬만 인식하고 손은 그림으로 그려지지 않아 유용한 설정이에요.

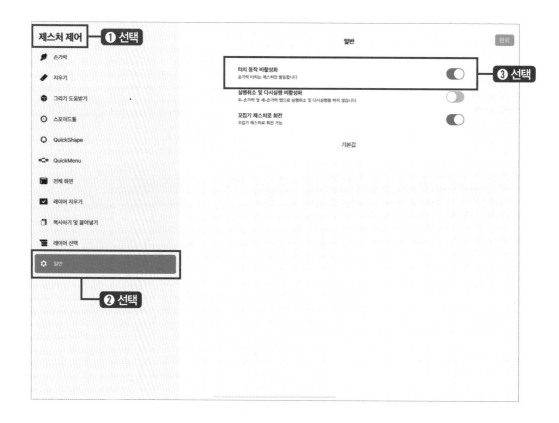

② ✨ 조정

그림이나 이미지에 효과를 넣을 수 있고, 색을 조정할 수 있어요. 저는 여기에서 재채색을 많이 사용하는데요, 재채색은 내가 칠했던 색을 다른 색으로 바꾸어 주는 기능이에요. 여기에서는 자주 쓰는 툴에 대해서만 언급했어요. 그림을 그리며 더 알아가 봐요.

③ 〜 선택

그림을 원하는 형태로 선택해 줘요. 선택툴을 선택하면 아래에 메뉴바가 생기는데, 올가미를 주로 사용해요. 내가 선택하고 싶은 그림을 따로 선택하기 유용해요.

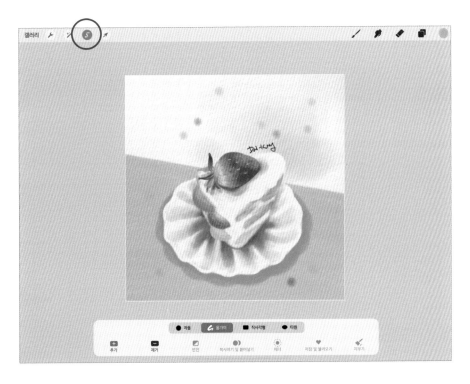

④ ↗ 이동

선택한 그림을 이동시키거나 회전, 크기 조절을 할 수 있어요. 저는 균등과 자유 형태를 많이 사용해요. 자유 형태는 내가 원하는 모양으로 바꿀 수 있고, 균등은 형태의 변형 없이 이동하거나 크기를 줄일 수 있어요. 특히 아래 옵션바에서 저는 수평 뒤집기를 많이 사용하는데, 똑같은 오브제를 그리는 경우에 느낌을 다르게 바꾸어 줄 때 편리해요.

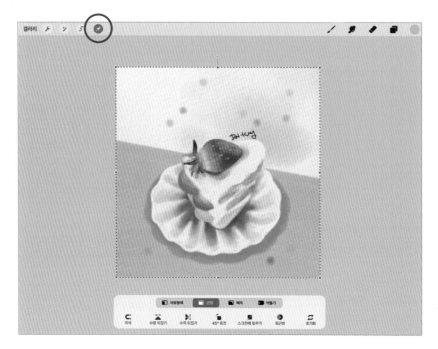

이번에는 오른쪽 상단 인터페이스를 알아봐요.

⑤ ✏ 브러시

제가 공유해 드린 브러시들이 이렇게 보일 거예요. 제가 공유해 드린 브러시 이외에도 여러 브러시들이 있으니 한 번씩 사용해 보면 좋아요.

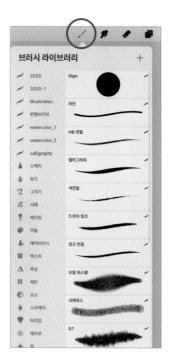

⑥ 🖌 스머지

손가락 모양의 아이콘은 스머지라고 하는데요. 색끼리 블렌딩을 할 때 주로 사용해요. 자연스러운 색감으로 바꾸어 주기 때문에 특히 수채화를 그릴 때 많이 사용해요. 스머지툴에서도 여러 브러시를 선택할수 있는데, 그림을 그렸던 브러시와 같은 브러시를 선택하여 스머지를 진행해 주는 것이 좋아요.

⑦ 🖌 지우개

지우개툴에서도 여러 브러시를 선택할 수 있는데, 깔끔하게 지울 때는 에어 브러시를 선택하여 지워 주는 것이 좋아요.

⑧ 🗂 레이어

레이어는 디지털 드로잉에서 아주 중요한 요소예요. 레이어는 위로 올라갈수록 쌓인다고 생각하세요. 화면상에는 가장 위에 있는 레이어의 그림이 보여요. 선택된 레이어에만 그림을 그릴 수 있으니 잘 확인해야 하고, 이동하거나 효과를 줄 때도 꼭 레이어를 확인해 주셔야 해요. 레이어를 분리하여 칠해 주면 다른 범위를 침범하지 않고 그리거나 지울 수가 있어 아주 유용한 툴이에요.

💡 메뉴 Tip

➡ '새로운 그룹'이라는 레이어는 제가 도화지 느낌으로 제작했기 때문에 삭제하면 안 돼요. 그리고 새 레이어를 추가할 때는 꼭 새로운 그룹 레이어 아래에 만들어야 도화지 질감이 적용돼요.

➡ 각 작품의 마지막 단계마다 레이어 구성 사진을 같이 놓았는데, 이는 레이어 순서 때문이에요. 레이어 번호는 자신만의 병합에 의해 달라질 수 있으니 신경 쓰지 안되, 레이어 구성 사진을 참고하며 레이어 추가 시 순서가 틀리지 않게 꼼꼼히 신경 쓰세요.

- 레이어 추가: 레이어 상단에 있는 +버튼을 누르면 새 레이어가 추가돼요. 만약 사람을 그린다고 가정했을 때 한 레이어에 얼굴을 그리고, 머리카락을 그릴 때는 다시 새 레이어를 추가하여 그리면 수정하기가 쉬워요.

- 레이어 효과: N을 누르면 여러 효과들이 생기는데, 하나씩 눌러 보면 다양한 완성도를 알 수 있어요.

- 레이어 섬네일: 레이어 중에서 그림이 보이는 네모 안을 누르면 옵션바가 생성돼요. 여기에서는 알파 채널 잠금과 클리핑 마스크를 많이 사용하는데, 이 기능들은 그림을 그려 가며 함께 알아봐요.

– 레이어 병합: 그림을 그리다보면 레이어가 많아져서 용량이 늘어나고, 레이어가 많아지면 그림이 헷갈리기 때문에 더 이상 수정할 사항들이 없다면 중간중간에 레이어를 병합하여 그리는 것이 좋아요. 레이어 병합 방법은 내가 병합하고자 하는 레이어들을 애플펜슬로 오른쪽으로 스와이프하여 중복 선택해 주고, 두 손가락으로 꼬집듯이 모으면 돼요. 레이어 병합은 다시 취소할 수 없으니 그림을 수정할 부분이 없을 때만 실행해 주세요.

– 레이어 이동: 이동하고자 하는 레이어를 펜슬로 꾹 누르고 있으면 선택이 돼요. 누른 상태에서 내가 원하는 위치에 놓으면 레이어가 이동돼요.

– 레이어 그룹: 레이어를 병합하지 않고, 여러 레이어에 효과를 한 번에 주고 싶을 때는 그룹으로 설정하면 좋아요. 레이어를 꾹 눌러 그룹화하고 싶은 레이어 위로 올려 두고 있으면 레이어가 그룹으로 설정돼요. 다시 해제하고 싶을 때는 레이어를 다시 꾹 눌러 그룹 밖으로 놓으면 돼요.

⑨ ● 팔레트(= 색상 원)

팔레트에서는 색상을 고를 수 있어 내가 원하는 색을 선택하여 그림을 그릴 수 있도록 구성되어 있어요. 제가 공유해 드린 색들이 팔레트에서 보이는데요. 기본으로 설정하면 내가 어떤 형태의 팔레트를 구성하더라도 보여요. 형태 중에서 저는 클래식으로 설정하여 그리는데, 보통 아래 팔레트에서 원하는 기본 색을 선택한 후 그 색을 더 연한 색, 진한 색으로 변경하여 사용해요.

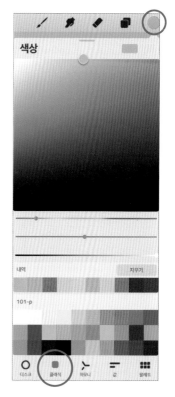

메뉴 Tip

컬러드롭을 할 때는 색상 원이라고 썼으며, 색을 선택하거나 조정할 때는 팔레트라고 썼어요. 같은 메뉴예요.

손가락 제스처에 대해
알아볼까요?

1. 전 단계로 돌아가기

그림을 그리다가 틀렸을 때, 뒤로 돌아가는 방법은 아주 간단해요. 두 손가락을 화면에 대고 톡 하고 한 번 쳐 주면 바로 전단계로 돌아가요. 두 손가락을 꾹 누르고 있으면 연속 되돌아가기가 실행돼요.

2. 되살리기

실수로 그림을 전 단계로 되돌렸을 경우 되살리는 제스처는, 세 손가락을 화면에 대고 톡 하고 한 번 쳐 주면 바로 앞 단계로 되돌아와요. 세 손가락을 꾹 누르고 있으면 연속으로 살아나요.

3. 전체 화면 보기

메뉴들이 보이지 않게 하여 내 그림을 전체 화면으로 보고 싶다면 네 손가락을 화면에 대고 톡 하고 한 번 쳐 주면 그림만 보이게 돼요. 이 상태에서 네 손가락을 화면에 대고 톡 하고 한 번 쳐 주면 다시 원래대로 돌아와요.

4. 레이어 손가락 제스처-두 손가락으로 오른쪽 밀기

해당 레이어의 아무 곳에서 두 손가락으로 오른쪽 방향으로 한 번 밀면, 알파 채널 잠금이 활성화돼요. 알파 채널 잠금은 그림을 그릴 때 아주 유용한 메뉴인데, 그림을 그리면서 알아 가도록 해요.

메뉴 Tip

- 해당 레이어의 아무 곳에서 오른쪽/왼쪽으로 한 번 미는 것을 스와이프라고 해요. 스와이프를 하라고 되어 있는 경우에는, 같이 언급한 방향대로 밀어 주세요.
- 한 손가락이나 애플펜슬로 오른쪽으로 스와이프하면, 레이어를 두 개 이상 선택할 수 있어요. 두 손가락으로 스와이프할 때와 다르니 주의해 주세요.

손 오른쪽 밀기

5. 레이어 손가락 제스처-한 손가락으로 왼쪽 밀기

해당 레이어의 아무 곳에서 한 손가락이나 애플펜슬로 왼쪽 방향으로 한 번 밀면 잠금, 복제, 삭제 메뉴가 나타나요. 잠금은 레이어를 실수로 삭제하지 않도록 잠궈 두는 기능이고, 복제는 레이어를 복제하여 똑같은 그림을 다시 그리지 않도록 하는 기능이에요. 삭제는 레이어를 삭제하는 기능인데, 필요 없는 레이어를 삭제해요.

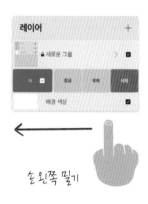

손 왼쪽 밀기

메뉴 Tip

프로크리에이트 UI 설명 및 메뉴 Tip과 관련된 요약 동영상을 제작했어요. 동영상을 통해 앞에서 배운 내용을 복습하고 뒤에서 다룰 추가적인 내용 일부도 미리 확인해 보면서 프로크리에이트 기능들을 다시 한번 익혀 보세요!

"달콩의 프로크리에이트 복습 동영상, 지금 보러 가기"

Chapter 2

프로크리에이트 워밍업

퀵쉐이프를 통해
디지털 브러시 알아보기

브러시 크기

브러시 불투명도

라인 브러시를 사용하여 브러시의 크기와 불투명도를 조절해 볼 거예요.
왼쪽에 있는 브러시 조절 버튼과 익숙해지고, 반듯하게 선이 그어지는 퀵쉐이프에 대해 알아봐요.

□ Brush type

라인

01 프로크리에이트 브러시를 크기와 불투명도를 조절하여 사용해 볼게요. 팔레트에서 27번 주황색을 선택해 주세요. ✎(브러시툴)에서 라인 브러시를 선택하여 가로선을 그어 주세요.

설정 🔧 라인 브러시

📢 크기와 불투명도는 과정별로 설정

🔆 **메뉴 Tip**

➡ 오른쪽 사진을 보면, 윗부분이 브러시의 크기 조절을 하는 곳이고, 아랫부분이 브러시의 불투명도를 조절하는 곳이에요.

➡ 가로선을 그은 뒤 애플펜슬을 떼지 않고 액정에 가만히 대고 있으면 퀵쉐이프가 활성화되어 반듯한 직선이 그려져요. 동그라미도 가능하니 연습해 보세요.

02 브러시의 크기를 중간 정도로 설정하여 아래에 가로선을 그어 주세요.

03 브러시의 크기를 작게 설정하여 아래에 가로선을 그어 주세요. 다른 형태로도 그려 가며 연습해 볼게요.

✏ **그림 Tip** 앞으로 그림을 그려 가며 그림의 크기에 따라 브러시의 크기 조절을 해 주어야 더욱 섬세한 그림들을 그려 나갈 수 있어요.

04 이번에는 15번 민트색으로 곡선을 그려 볼게요. 브러시의 크기를 크게, 중간으로, 작게 설정하여 연습해 보세요.

브러시 크기

브러시 불투명도

압력 곡선을 저와 동일하게 설정하셨다면, 애플펜슬을 잡는 힘을 약하게 하여 차분하게 그려 주세요. 힘을 주면 선이 끊기고, 애플펜슬 촉과 액정에 무리가 가요.

05 이번에는 점을 찍어 볼게요. 5번 노란색으로 점을 찍으며 연습해 보세요.

브러시 크기

브러시 불투명도

06 브러시의 크기 조절을 연습했다면, 브러시의 불투명도를 조절하여 연습해 볼게요. 브러시 크기 연습을 했던 27번 주황색을 선택한 뒤 브러시의 불투명도를 가장 높게, 중간으로, 낮게 설정하여 퀵쉐이프를 활용한 직선을 그어 주세요.

브러시 크기

브러시 불투명도

그림 Tip 브러시의 불투명도에 따라 브러시마다 브러시의 질감이 다르게 나오기 때문에 불투명도는 아날로그 느낌을 표현할 때 많이 쓰일 예정이에요.

07 다른 형태로도 브러시의 불투명도를 연습해 봐요. 15번 민트색으로 곡선을 그려 보세요.

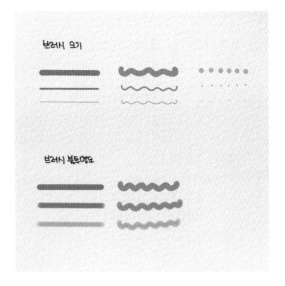

08 5번 노란색으로 불투명도를 달리하여 점을 찍어 보세요.

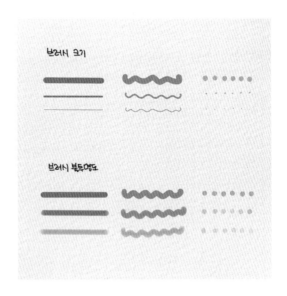

여기서 정리

그림의 크기에 따라 브러시의 크기 조절을 잘해 준다면, 더욱 섬세한 그림을 그릴 수 있겠죠? 수치가 아니라 애플펜슬의 기울기에 따라서도 크기 조절이 가능하니 애플펜슬을 세워서도 그려 보고 눕혀서도 그려 보세요.

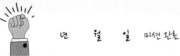

년   월   일   미션 완료

여러 방법의 컬러드롭으로
비구름 그리기

colorend raindrops

반짝이 브러시로 반짝반짝 빛나는 구름을 컬러드롭으로 간단하게 칠해 봐요. 컬러드롭이란,
스케치를 그린 후 색상 원을 드래그하여 가져오면 안이 채색되는 편리한 방법이에요. 반짝이 브러시,
라인 브러시, 색연필 브러시, 오일 파스텔 브러시로 다양한 방법의 컬러드롭을 해 보며 알아볼게요.

─── □ Brush type ───

반짝이　　　　라인　　　　색연필　　　　오일 파스텔

01 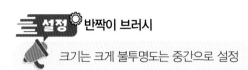 (브러시툴)에서 반짝이 브러시를 선택해 주세요. 팔레트에서 20번 하늘색을 선택해 동글동글한 구름을 그려 주세요.

 반짝이 브러시

크기는 크게 불투명도는 중간으로 설정

메뉴 Tip

반짝이 브러시는 2개의 브러시를 혼합하여 제작했기 때문에 브러시의 불투명도를 중간으로 설정해 주어야 반짝이 특유의 입자가 보여서 더욱 예쁜 그림을 그릴 수 있어요.

그림 Tip 아래에는 알록달록 비를 그릴 것이라 구름을 살짝 위에 그려 주세요.

02 동글동글한 구름을 그렸다면, 손에 힘을 빼고 안을 칠해 주세요.

03 팔레트에서 1번 하얀색을 선택하여 구름 안을 꾸밀 거예요. 브러시의 크기를 작게 하여 점을 살짝 찍어 주세요.

그림 Tip 꾸밀 때는 브러시 불투명도를 최대로 올려야 또렷하게 보여요.

04 이제 컬러드롭을 알아 가며 빗방울을 그려 볼게요. 첫 번째로 배
우는 컬러드롭은 일반적으로 많이 쓰는 방법이에요. 레이어에
서 +버튼을 눌러 구름 레이어 위에 새 레이어를 추가해 주세요.

메뉴 Tip

레이어 순서는 레이어 구성 사진을 보며 틈틈이 신경 쓰세요.

05 ✏ (브러시툴)에서 라인 브러시를 선택하고, 팔레트에서
5번 노란색을 선택해 빗방울을 그려 주세요.

설정 ⚙ 라인 브러시

크기는 적당히 불투명도는 최대로 설정

그림 Tip '브러시의 크기는 적당하게'라고 말하는 이유는 사람마다 그림의 크기를 다르게 그리기 때문이에요.
내가 그림을 그릴 때 이 정도가 괜찮겠다고 생각하는 응용력이 늘 수 있도록 툴을 섬세하게 다뤄 보세요.

06 색상 원을 끌어와 빗방울 안에 놓으면 저절로 색이 채워져요.

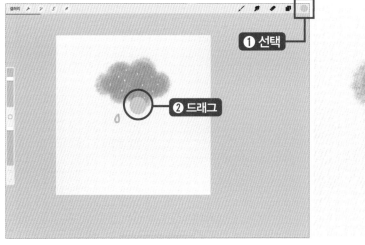

메뉴 Tip

라인 브러시로 컬러드롭을 할 때 주의할 점은 스케치 선이 끊어져 있는지 확인하는 거예요. 스케치 선이 끊어
져 있으면 배경까지 색이 채워지기 때문이에요. 컬러드롭을 하기 전에 꼭 화면을 확대하여 선이 잘 이어져 있는
지 확인해 주세요.

07 이번에는 다른 컬러드롭을 배워 볼게요. 색연필 브러시를 선택해 주세요. 먼저 11번 연한 보라색으로 빗방울을 그려 주세요.

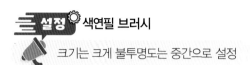 **색연필 브러시**

크기는 크게 불투명도는 중간으로 설정

08 색연필 브러시는 질감이 있어서 라인 브러시와는 달리 선이 끊어져서 그려질 거예요. 이럴 때는 일반 컬러드롭으로 색을 채울 수는 없고, 컬러드롭 한계값을 조정해야 해요.

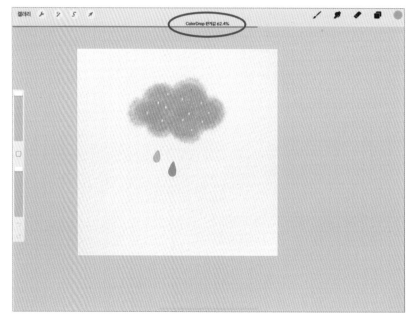

메뉴 Tip

컬러드롭을 할 때 애플펜슬을 화면에 대고 있으면 상단에 'colorDrop 한계값'이라는 문구가 나와요. 그 값은 애플펜슬을 오른쪽으로 움직이면 커지고 왼쪽으로 움직이면 작아져요. 색연필 브러시처럼 질감이 있는 브러시에 컬러드롭을 할 때는 한계값을 작게 하고 애플펜슬을 놓아 주면 안에 색이 채워져요.

09 마지막으로 또 다른 컬러드롭 방법을 알려 드릴게요.
이번에는 레이어를 활용하는 방법이에요. 오일 파스
텔 브러시를 선택하고, 8번 진한 분홍색을 선택하세요.
오른쪽에 빗방울을 그려 주세요.

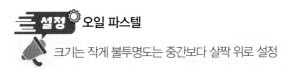

설정 오일 파스텔

크기는 작게 불투명도는 중간보다 살짝 위로 설정

레이어 체크

10 〈분홍색 빗방울을 그렸던 레이어〉를 선택하고 레이어 섬네일을 눌러 주세요. 그럼 메뉴가 나오는
데, 레퍼런스를 눌러 주세요. 레퍼런스를 위해서는 2개의 레이어가 필요해요. 그래서 레퍼런스를
실행하고 그 아래에 새 레이어를 추가해 주세요.

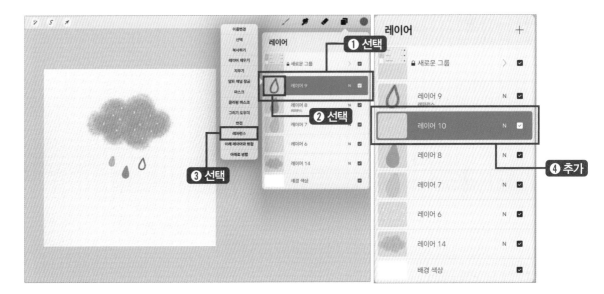

메뉴 Tip

● 레이어에서 +버튼을 눌러 새 레이어를 추가하고, 추가된 레이어를 꾹 눌러 분홍색 빗방울 스케치 레이어
아래로 이동시켜 주세요.

● 레퍼런스 또한, 질감이 있어 선이 끊어져 있는 브러시로 그린 그림 안에 색이 채워지게 해 줘요.

11 〈만든 새 레이어〉를 선택하고, 색상 원을 끌어와 빗방울 안에 놓으면 색이 채워져요.

 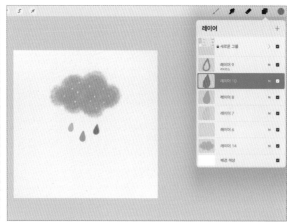

12 이렇게 배운 3개의 컬러드롭을 다른 빗방울을 그려 가며 연습해 보세요.

(≋ 레이어 체크)

13 글씨도 적으면 더욱 감성적인 그림이 돼요. 맨 위에 새 레이어를 추가해 주세요. 저는 색연필 브러시를 선택하여 23번 진한 회색으로 'colorend raindrops'라고 적어 보았어요.

여기서 정리

선이 끊어져 있지 않은 브러시는 스케치 후, 색상 원을 끌어와 바로 색을 채울 수 있어요. 반면 질감이 있는 브러시는 스케치 후, 색상 원을 끌어와 한계값을 좌우로 조정하여 색을 채울 수 있답니다. 레이어를 활용한 컬러드롭을 할 때는 2개의 레이어가 필요해요.

년   월   일 미션 완료

알파 채널 잠금과 클리핑 마스크로
달콤 새콤 사탕 그리기

무늬가 많은 그림을 그리다보면 삐져 나갈까 봐 조심조심 칠하는 경우가 종종 있을 거예요.
하지만, 알파 채널 잠금과 클리핑 마스크가 있다면 그런 걱정 없이 손쉽게 칠할 수 있답니다.

☐ Brush type

01 ✏️(브러시툴)에서 HB 연필 브러시를 선택하세요. 실제 연필과 같은 고운 입자로 되어 있어 아기자기한 그림을 그리기에 아주 좋은 브러시예요. 팔레트에서 21번 연한 회색을 선택하고 퀵쉐이프를 활용하여 타원형을 그려 주세요.

⚙️ **설정** HB 연필
크기는 크게 불투명도는 중간으로 설정

02 양옆을 볼록하게 그리고 아래도 둥글게 그려야 자연스럽게 그려져요. 브러시의 크기를 살짝 작게 하여 안쪽에 유리 두께감도 그려 주세요.

✏️ **그림 Tip** 외곽선을 제외한 다른 선들은 가늘게 그리면 더욱 디테일해 보이는 효과가 있어요.

03 유리병을 그린 레이어 위에 새 레이어를 추가해 주세요. 팔레트에서 18번 초록색을 선택해 지팡이 모양의 사탕을 그려 주세요.

💡 **메뉴 Tip**
클리핑 마스크를 적용할 것이기 때문에 꼼꼼하게 채색해 주는 것이 좋아요. 클리핑 마스크를 사용하면, 칠했던 부분에 한해서만 색이 입혀지기 때문에 덜 칠한 부분이 있다면 그 부분은 적용이 되지 않기 때문이에요.

04 위처럼 그린 초록색 지팡이 사탕에 줄무늬를 줄 거예요. 줄무늬가 튀어나가지 않게 그리기 위해서 클리핑 마스크를 적용해 볼게요. 초록색 지팡이를 그렸던 레이어 위에 새 레이어를 추가해 주세요. 새 레이어 섬네일을 누르고 메뉴에서 클리핑 마스크를 적용해 주세요.

그럼 화살표 모양이 생기는데, 화살표 모양이 생긴 바로 이 레이어에 무늬를 주면 돼요.

05 팔레트에서 9번 빨간색을 선택해 지팡이에 줄무늬를 그려 넣어 주세요. 클리핑 마스크가 적용되니 밖으로 삐져나가지 않고 예쁘게 그려져요.

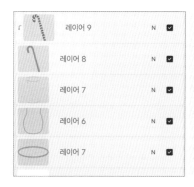

💡 **메뉴 Tip**

➡ 클리핑 마스크는 레이어가 2개로 구성되기 때문에 무늬가 마음에 들지 않으면 무늬 레이어만 삭제하고 새 레이어를 추가해서 그릴 수 있다는 장점이 있어요.

➡ 레이어 삭제 시에는, 삭제할 레이어를 선택하고 왼쪽으로 스와이프하면 메뉴가 나오는데 그중 삭제하기를 누르면 돼요.

06 이번에는 다른 사탕을 그리며 클리핑 마스크와 비슷하지만 조금 다른 방법에 대해 알아볼게요. 맨 위에 새 레이어를 추가해 주세요. 26번 연한 갈색으로 사탕의 막대기를 그려 주세요.

✏️ **그림 Tip** 이런 직선의 경우, 퀵쉐이프를 활용하는 것이 좋겠지요?

07 맨 위에 새 레이어를 추가하고, 5번 노란색으로 동그란 사탕을 그려 주세요. 퀵쉐이프를 활용하면 예쁜 동그라미가 그려져요.

08 15번 민트색으로 사탕의 가운데를 그려 주세요.

09 이번에는 알파 채널 잠금을 활용하여 패턴을 그릴 거예요. 〈사탕을 그렸던 레이어〉를 선택하고, 두 손가락을 내고 오른쪽으로 한 번 스와이프하면 알파 채널 잠금이 활성화돼요. 레이어 섬네일에 격자무늬가 있으면 알파 채널 잠금이 활성화된 거예요. 바람개비 모양으로 돌아가면서 패턴을 그려 넣어 주세요.

🔆 **메뉴 Tip**

⬤ 알파 채널 잠금을 해제하려면 두 손가락으로 오른쪽으로 다시 한번 스와이프하면 돼요.
⬤ 손가락 제스처가 어렵다면, 레이어 섬네일을 누르고 알파 채널 잠금을 누르면 돼요.

10 조금 더 진하게 패턴을 넣을 거예요. 칠했던 민트색을 조금 더 어둡게 만든 후 같은 레이어에 진한 패턴을 그려 주세요.

(≋ 레이어 체크)

11 사탕이 달달해 보이도록 하이라이트를 줄 거예요. 맨 위에 새 레이어를 추가하고, 1번 하얀색을 선택하여 사탕의 군데군데에 하이라이트를 찍어 주세요.

(≋ 레이어 체크)

12 작은 사탕을 그려 넣어서 더 달달하게 보이도록 해 봐요. 맨 위에 새 레이어를 추가하고, 5번 노란색을 선택하여 알사탕을 그려 주세요. 1번 하얀색으로 하이라이트를 그려 주세요.

13 알사탕을 그렸던 레이어에 다른 색색의 사탕도 그려서 그림을 완성해 주세요.

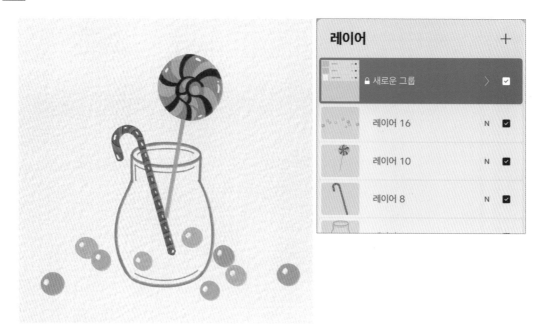

 그림 Tip   알사탕끼리 붙어 있기도 하고, 많이 떨어져 있기도 해야 레이아웃이 예쁘게 그려져요. 대칭으로 그리
기보다는 사탕과의 거리를 생각하며 그려 주세요.

여기서 정리

클리핑 마스크는 레이어가 2개여서 무늬를 바꾸고 싶을 때 무늬 레이어만 삭제하고 다시 그릴 수 있
다는 점이 있어요. 알파 채널 잠금은 레이어가 하나여서 무늬를 다시 수정하기는 어렵지만, 손 제스
처를 통해 간단하게 활성화할 수 있고, 레이어를 불필요하게 더 만들지 않을 경우에 많이 사용해요.

   년   월   일   미션 완료

복제와 이동툴, 텍스트를 활용한
생일 카드 그리기

BIRTHDAY CONGRATULATIONS

반복되는 그림을 다시 그리지 않아도 그림을 완성할 수 있다는 것, 디지털 드로잉의 매력 중 하나죠. 레이어 복제와 이동툴을 활용하여 그려 보고, 텍스트를 추가하여 문구를 적용하는 방법에 대해 알아볼게요.

□ Brush type
드라이 잉크

01 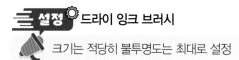 (브러시툴)에서 드라이 잉크 브러시를 선택해 주세요. 사인펜처럼 약간 번지듯이 그려지는 질감이 무척 감각적인 브러시랍니다. 팔레트에서 24번 검은색을 선택하여 둥근 선을 그려 주세요.

설정 🔧 드라이 잉크 브러시

📢 크기는 적당히 불투명도는 최대로 설정

💡 **메뉴 Tip**

사인펜 느낌이라 불투명도를 최대로 올려서 선명하게 그리는 것이 좋아요.

≋ 레이어 체크

02 둥근 줄을 그렸던 레이어 아래에 새 레이어를 추가해 주세요. 추가된 레이어에 9번 빨간색으로 세모를 그려 주세요.

💡 **메뉴 Tip**

줄이 위에 보여야 더욱 깔끔한 느낌이 들기 때문에 이래에 새 레이어를 추가한 거예요.

03 가렌더를 그릴 건데, 하나하나 그리기에는 개수가 많아 레이어 복제와 이동툴로 완성할 거예요. 세모를 그렸던 레이어를 왼쪽으로 스와이프하면 메뉴 창이 보일 거예요. 복제를 누르면 위에 복제된 레이어가 생겨나요.

04 〈복제된 레이어〉를 선택하고, 왼쪽 상단의 ✈(이동툴)을 눌러 오른쪽으로 이동시키세요. 줄이 둥글기 때문에 살짝 회전을 해서 각도를 다르게 하여 배치해 주세요.

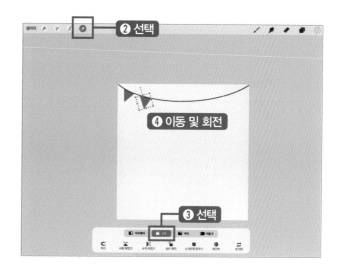

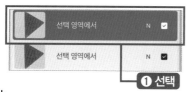

메뉴 Tip

✈(이동툴)을 누르면 아래에 메뉴가 생기는데, 형태가 일그러지지 않고 이동되려면 꼭 균등으로 선택하여 이동해 주세요. 이동툴을 다시 누르면 해제가 돼요.

05 레이어 복제와 이동툴을 반복하여 빨간 가렌더를 완성해 주세요.

메뉴 Tip

가렌더가 완성이 되었으면 빨간 가렌더 레이어들이 많이 생겼을 거예요. 줄을 제외한 빨간 가렌더 레이어들을 애플펜슬로 오른쪽으로 스와이프하면서 하나하나씩 선택한 후, 두 손가락으로 꼬집듯이 잡아당겨 레이어를 병합해 주세요.

(≋ **레이어 체크**)

06 이제 사이사이에 노란 가렌더를 올려 줄게요. 병합한 빨간 가렌더 레이어 위에 새 레이어를 추가해 주세요. 팔레트에서 5번 노란색을 선택하고, 세모를 그려 주세요.

07 노란 가렌더 레이어를 복제하세요.

Part 01 프로크리에트야, 반가워! | **73**

08 복제된 노란 가렌더를 선택하고, ✈(이동툴)로 옆으로 이동 및 회전을 시켜 예쁘게 배치해 주세요.

09 〈복제된 노란 가렌더 레이어들〉만 선택하여 레이어를 병합해 주세요.

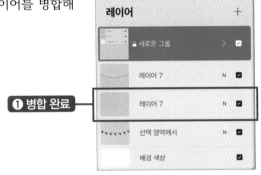

≋ 레이어 체크

10 케이크를 그릴게요. 맨 위에 새 레이어를 추가해 주세요. 팔레트에서 26번 연한 갈색을 선택하여 더 연한 색으로 만들어 주세요. 만든 색으로 퀵쉐이프를 활용하여 타원형을 그려 주세요. 양옆에 직선을 그리고 아래도 둥글게 선을 이어 주세요.

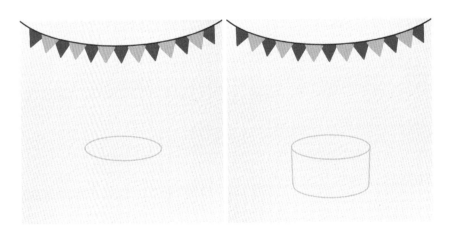

11 안을 칠해 주세요.

12 팔레트에서 6번 연한 분홍색을 선택해 딸기 크림을 그리고 안을 칠해 주세요.

 그림 Tip 크림이 흘러 내려오는 모양의 크기와 간격이 달라야 자연스러운 형태로 그려져요.

(≋ 레이어 체크)

13 케이크 레이어 위에 새 레이어를 추가해 주세요. 팔레트에서 9번 빨간색을 선택해 새콤한 딸기를 그려 주세요. 딸기 하나를 그린후 레이어 복제와 이동툴로 배치해 주세요.

메뉴 Tip

복제된 딸기 레이어들은 병합해 주세요.

14 팔레트에서 18번 초록색을 선택해 딸기를 그렸던 같은 레이어에 잎사귀를 그려 주세요. 너무 정형화된 디지털 느낌이 아닌 손그림 느낌을 주기 위해 이번에는 복제하지 않고, 하나하나 그려 주세요.

15 딸기와 같은 레이어에서 1번 하얀색으로 딸기에 점을 찍어 주세요.

16 이제 생일에 어울리는 텍스트를 추가하여 그림을 완성해 볼게요. 팔레트에서 24번 검은색을 선택해 주세요. 왼쪽 상단의 🔧(동작툴)을 눌러 주세요. 추가에서 텍스트 추가를 누르면 텍스트를 작성할 수 있도록 메뉴가 생겨요.

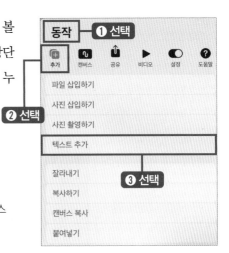

💡 **메뉴 Tip**

텍스트를 추가하기 전에 글씨 색으로 무엇을 할지 선택하고 텍스트 추가를 누르는 것이 좋아요.

17 적고 싶은 문구를 적은 후 왼쪽의 스타일 편집을 누르세요. 저는 BIRTHDAY CONGRATULA
TIONS라고 적었어요. 원하는 글씨체와 크기를 정하고 오른쪽의 완료를 누르세요.

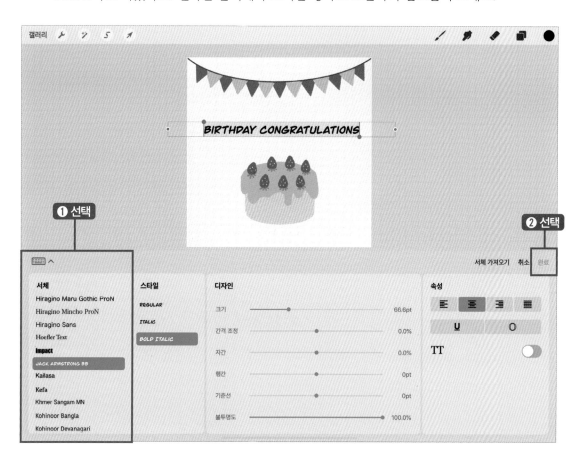

18 ✒(이동툴)을 눌러 글
씨의 크기와 위치를
정해 주세요.

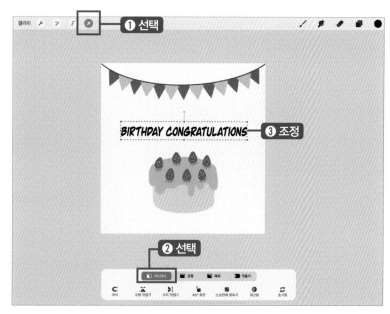

💡 **메뉴 Tip**

이동툴 메뉴에서 자
유 형태를 누르면
형태를 원하는 모양
으로 바꿀 수 있어
요. 저는 글씨를 조
금 길게 바꾸었어요.

19 적은 문구를 알록달록하게 꾸밀 거예요. 문구 레이어는 섬네일에 A라고 표기되는데, 문구 레이어를 그림 레이어로 바꾸어 줄 거예요. 문구 레이어 섬네일을 눌러 레스터화를 활성화해 주세요. 그럼 레이어 섬네일이 작성한 글자로 변경돼요.

20 문구 레이어의 알파 채널 잠금을 활성화해 주세요.

21 알파 채널 잠금이 활성화되어 글자 밖으로 색이 삐져나가지 않으니, 원하는 색으로 칠해 주세요. 저는 20번 하늘색, 11번 연한 보라색, 12번 보라색으로 칠해 주었어요.

여기서 정리

같은 그림을 반복적으로 그릴 때는 레이어 복제와 이동툴을 사용하는 것이 좋아요. 복제된 레이어들이 많아지니, 중간에 레이어들을 병합하면서 그려 주세요. 텍스트를 그림으로 바꿀 때는 텍스트 레이어 섬네일을 눌러 레스터화를 활성화해 주세요. 이후 알파 채널 잠금을 활용하면 여러 색으로 꾸밀 수 있어요.

년   월   일   미션 완료

나만의 발자취,
사인 브러시 제작하기

그림의 완성은 나를 표현하는 사인을 찍어야 한다는 말이 있어요. 소중하게 그린 내 그림에
직접 제작한 사인을 콕콕 찍어 보세요. 여러 모양의 도장으로 만들어도 재미있게 활용할 수 있어요.

□ Brush type

01 갤러리에서 +버튼을 눌러 새 캔버스에 제작할 거예요. 새로운 캔버스에서 사각형을 눌러 주세요.

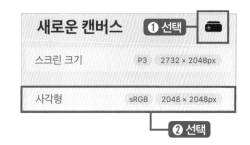

 메뉴 Tip

　　사인 브러시는 정사각형으로 제작해야 해요.

02 팔레트에서 24번 검은색을 선택하고 컬러드롭으로 배경에 색을 채워 주세요.

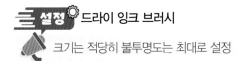 설정 ⚙ 드라이 잉크 브러시

　　크기는 적당히 불투명도는 최대로 설정

💡 메뉴 Tip

　　사인 브러시는 검은색 바탕에 하얀 글씨로 제작해야 해요.

🌊 레이어 체크

03 맨 위에 새 레이어를 추가하고, 팔레트에서 1번 하얀색을 선택하세요. 🖌(브러시툴)에서 드라이 잉크 브러시를 선택하세요. 저는 달콩이라고 적을게요. 여러분들은 만들고 싶은 문구나 그림을 그려 주세요.

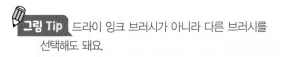 그림 Tip　드라이 잉크 브러시가 아니라 다른 브러시를 선택해도 돼요.

04 🔧(동작툴)에서 공유를 눌러 JPEG를 선택해 주세요. 이미지 저장을 누르면 아이패드 갤러리에 사인이 저장돼요.

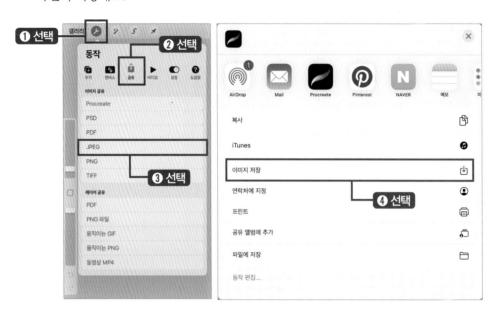

05 브러시를 눌러 보면 Sign이라는 브러시가 있어요. 그 브러시를 왼쪽으로 스와이프하고 복제를 눌러 복제해 주세요.

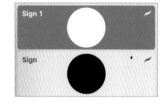

💡 **메뉴 Tip**

한번 삭제된 브러시는 되돌릴 수 없으니 변형을 할 때는 브러시를 꼭 복제하여 사용해 주세요.

06 복제한 브러시를 클릭하면 브러시 스튜디오로 이동이 돼요. 브러시 스튜디오에서 모양을 눌러 주세요. 오른쪽 상단의 가져오기를 선택하면 사진 가져오기가 있어요.

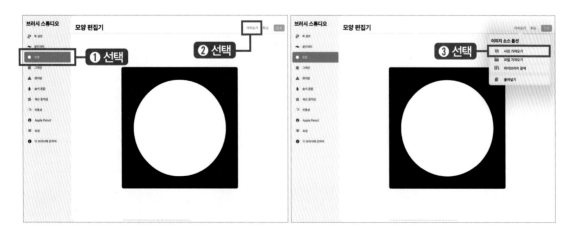

07 갤러리에 저장된 만든 이미지를 선택하면 브러시 모양이 변경돼요. 변경되었으면 완료를 누르고
또 완료를 눌러 주세요.

08 브러시 목록에 내가 제작한 사인 브러시가 보일 거예요.

09 제작한 브러시를 사
용해 보세요. 팔레
트에서 원하는 색
을 고르고, 브러시
의 크기와 불투명
도를 설정해 가며
콕콕 찍어 보세요.

여기서 정리

사인 브러시는 만드는 방법이 어렵지 않으니 여러분만의 사인 브러시를 많이 만들어 보세요. 사인
브러시를 제작할 때는 브러시를 복제해야 한다는 점, 꼭 기억해 주세요.

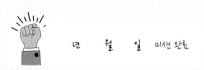
년   월   일 미션 완료

Warm

Christmas

MY HOUSE"

Attached doll

PART

2

다양한 브러시로 그려 보기

Chapter 1

아기자기한
색연필 브러시

색연필 브러시로
끄적끄적 연습해 보기

색연필 특유의 질감은 그림을 아기자기하게 만들어 준답니다.
색연필 브러시가 어떠한 매력이 있는지 직접 연습하며 느낌을 알아가 보도록 해요.

☐ Brush type

색연필

01 먼저 색연필 브러시와 친해져 보기로 해요.
✏️(브러시툴)에서 색연필 브러시를 선택해
주세요. 팔레트에서 5번 노란색, 9번 빨간
색, 7번 분홍색을 선택해 세로선으로 그려
보아요.

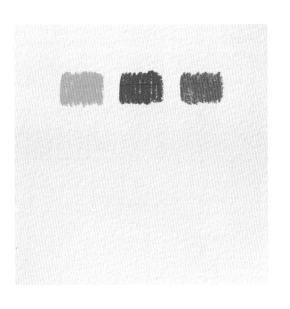

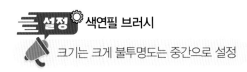

설정 ⚙️ **색연필 브러시**

📣 크기는 크게 불투명도는 중간으로 설정

💡 **메뉴 Tip**

브러시의 불투명도를 중간으로 설정해야 색연필 특유의 질감이 잘 그려져요.

✏️ **그림 Tip** 손에 힘을 빼고 애플펜슬을 잡아 주세요. 그래야 액정과 펜촉에 무리가 가지 않고, 부드럽게 그려져요.

02 이번에는 다양한 선들을 그려 봐요. 곡선과
직선을 그릴 때 힘의 세기와 애플펜슬을 잡
는 방법이 다르니 익숙해지도록 다양하게
그려 봐요. 다양한 색으로 알록달록하게 그
려 봐요.

귀여운 세쌍둥이

동글동글 귀여운 세쌍둥이를 그리며 표정도 다양하게 그려 봐요.
세쌍둥이를 그린 후 응용하여 주변의 지인과 친구들도 그려서 선물해 주세요.

☐ Brush type

01 ✏️(브러시툴)에서 색연필 브러시를 선택해 주세요. 3번 살구
색으로 동그라미를 그려 주세요.

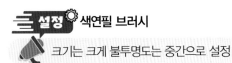

⚙️ **색연필 브러시**
📢 크기는 크게 불투명도는 중간으로 설정

💡 **메뉴 Tip**
동그라미를 그린 후 액정에서 애플펜슬을 떼지 않고 가만히 있으면 반듯한 동그라미가 그려져요(= 퀵쉐이프).

02 애플펜슬을 눕혀서 얼굴을 쓱쓱 칠해 주세요. 얼굴을 다 칠한
후 귀도 동글동글하게 그려 주세요.

📚 **레이어 체크**

03 얼굴 레이어 위에 새 레이어를 추가해 주세요. 30번 진한 갈
색으로 단발머리를 그리고, 안을 칠해 주세요.

✏️ **그림 Tip** 머리카락을 그릴 때는 앞머리의 모양부터 그리고 양옆
의 머리를 그리는 것이 좋아요. 그리고 한 번에 예쁘게 그리기
보다는 머리카락 색을 칠하면서 스케치도 함께 다듬어 주는 것
이 좋아요.

📚 **레이어 체크**

04 머리카락 레이어 위에 새 레이어를 추가하고, 머리카락을 칠
했던 색으로 동그란 눈도 그려 주세요.

🔖 레이어 체크

05 눈을 그렸던 레이어 위에 새 레이어를 추가하고
9번 빨간색으로 웃는 입도 그려 주세요.

🔖 레이어 체크

06 발랄한 이미지를 주기 위해 머리핀을 그려요.
맨 위에 새 레이어를 추가하고, 5번 노란색으로
머리핀을 그려 주세요.

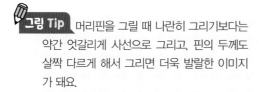 머리핀을 그릴 때 나란히 그리기보다는
약간 엇갈리게 사선으로 그리고, 핀의 두께도
살짝 다르게 해서 그리면 더욱 발랄한 이미지
가 돼요.

07 마지막으로 생기 있는 볼터치를 그려서 첫 번째
쌍둥이를 완성해 볼게요. 13번 연한 주황색으로
동글동글하게 그려 주세요.

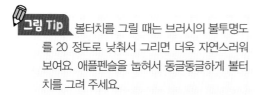 볼터치를 그릴 때는 브러시의 불투명도
를 20 정도로 낮춰서 그리면 더욱 자연스러워
보여요. 애플펜슬을 눕혀서 동글동글하게 볼터
치를 그려 주세요.

08 자, 이제 두 명의 개성 있는 쌍둥이를 더 그릴 거예요. 그런데 지금 레이어가 너무 많아 쌍둥이를 이 상태에서 그린다면 나중에 많이 헷갈릴 수 있어요. 그러니 소녀 얼굴을 위해 추가한 레이어를 전부 병합해 주세요.

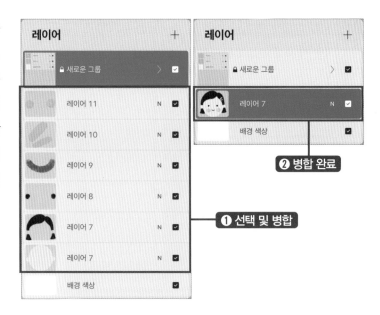

① 선택 및 병합

② 병합 완료

☰ 레이어 체크

09 이번에는 왼쪽에 있는 머리를 땋은 쌍둥이를 그려 볼게요. 맨 위에 새 레이어를 추가하고, 첫 번째 쌍둥이를 그렸던 것처럼 3번 살구색으로 얼굴을 그려 주세요. 23번 진한 회색으로 머리카락을 그리고 칠해 주세요.

10 머리카락을 그렸던 색으로 웃는 눈을 그려 주세요.

11 9번 빨간색으로 웃는 입도 그려 주세요.

12 상큼한 볼터치도 그려 주면 더욱 귀엽겠죠? 13번 연한 주황색을 선택하고 브러시의 불투명도를 20으로 설정하여 동글동글하게 볼터치를 그려 주세요.

13 입을 그렸던 9번 빨간색으로 머리핀이 교차되게 그려 주세요.

(≋ **레이어 체크**)

14 이제 마지막으로 가장 개성 있는 쌍둥이를 그릴게요. 맨 위에 새 레이어를 추가해 주세요. 3번 살구색으로 동글동글한 얼굴을 그리고, 29번 적갈색으로 머리카락을 그려 주세요.

15 머리카락을 칠했던 색으로 찡그린 눈을 그리고, 9번 빨간색
으로 입을 그려 주세요.

16 브러시의 불투명도를 20으로 낮추어 13번 연한 주황색으로
동글동글하게 볼터치를 그려 주세요.

(🗇 **레이어 체크**)

17 맨 위에 새 레이어를 추가해서 24번 검은색으로 'A cute girl'이라고 적어 주세요.

오늘 입을 데일리룩

기본 옷 형태에 어울릴 만한 패턴과 꾸밀 요소를 그려 주면 마음에 쏙 드는 패션이 완성돼요.

□ Brush type

색연필

01 원피스를 꾸미기 전에 원피스의 기본 형태를 그릴게요. 팔레트에서 5번 노란색을 선택하여 원피스를 그려 주세요. 옷을 그릴 때는 목 부분부터 그려 주시면 좋아요. 길이가 긴 원피스를 그리고, 안을 칠해 주세요.

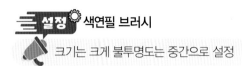
크기는 크게 불투명도는 중간으로 설정

☰ 레이어 체크

02 노란색 원피스 레이어 아래에 새 레이어를 추가해 주세요. 15번 민트색을 선택하여 가운데에 원피스를 그리고 안을 칠해 주세요.

☰ 레이어 체크

03 민트색 원피스 레이어 위에 새 레이어를 추가해 주세요. 21번 연한 회색을 선택하여 끈 원피스를 그리고 안을 칠해 주세요.

☰ 레이어 체크

04 원피스에 옷걸이를 그려서 원피스가 걸려 있는 느낌을 줄게요. 가장 아래에 새 레이어를 추가해 주세요. 30번 진한 갈색으로 옷걸이를 그려 주세요.

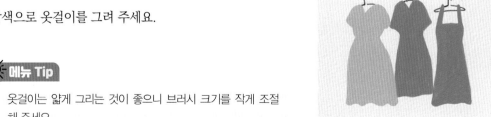

메뉴 Tip

옷걸이는 얇게 그리는 것이 좋으니 브러시 크기를 작게 조절해 주세요.

05 이제 본격적으로 원피스를 꾸밀게요. 먼저 〈노란색 원피스 레이어〉를 선택해 주세요. 팔레트에서 28번 갈색을 선택한 뒤 카라와 소매를 그려 주고, 원피스에 점을 찍어 주세요. 1번 하얀색으로 단추와 레이스도 그려 주세요.

💡 **메뉴 Tip**

작은 오브제를 첨가하거나 꾸밀 때는 브러시의 불투명도를 최대로 올려서 그려야 선명하게 그려져요.

06 이번에는 〈민트색 원피스 레이어〉를 선택하여 화사한 꽃 패턴을 그릴게요. 2번 아이보리색으로 꽃을 그리고, 6번 연한 분홍색으로 꽃과 점을 찍어 패턴을 완성해 주세요.

07 마지막으로 회색 원피스 레이어에 앞치마를 그릴게요. 〈회색 원피스 레이어〉를 선택해 주세요. 팔레트에서 5번 노란색을 선택하여 앞치마를 그리고, 브러시의 크기를 작게 조절하여 앞치마 끈을 그려 주세요. 15번 민트색으로 잎사귀도 그려 주세요.

(≋ 레이어 체크)

08 맨 아래에 새 레이어를 추가하고 6번 연한 분홍색으로 'Fashion'이라고 적어 주세요.

🖉 그림 Tip 율동감 있게 글씨를 적으면 그림이 더욱 생동감 있어져요.

숲속 작은 마을

엽서나 포스터의 느낌을 주기 위해서는 텍스트가 있어야 해요. 그림을 완성한 후 텍스트를 적어 볼게요.
그리고 색연필의 느낌을 더욱 풍부하게 표현하기 위해서는 드로잉의 선 느낌이 무척 중요해요.

01 ✏️(브러시툴)에서 색연필 브러시를 선택하고 18번 초록색으로 곡선이 있는 산을 그려 주세요.

 **설정** ⚙️ **색연필 브러시**

 크기는 크게 불투명도는 중간으로 설정

✏️ **그림 Tip** 컬러드롭을 하지 않고 도화지가 살짝 보이도록 직접 칠하면 손그림 느낌이 나요.

📚 **레이어 체크**

02 맨 위에 새 레이어를 추가해 주세요. 팔레트에서 1번 하얀색을 선택하여 집의 외벽을 그려 주세요.

03 이제 지붕을 그릴게요. 9번 빨간색을 선택하고 조금 어두운 색으로 만들어 주세요. 만든 색으로 지붕을 그려 주세요.

04 창문은 23번 진한 회색으로 점을 찍듯 그리고, 문도 그려 주세요.

05 그 위에 새 레이어를 추가해서 같은 방법으로
뒤에 보이는 집을 그려 주세요.

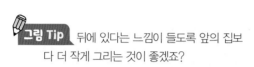 **그림 Tip** 뒤에 있다는 느낌이 들도록 앞의 집보
다 더 작게 그리는 것이 좋겠죠?

06 이제 집을 연결하는 길을 그릴게요. 〈산 레이어〉
를 선택하고, 26번 연한 갈색으로 둥근 길을 그
려 주세요.

그림 Tip 길의 굵기를 다르게 그리면 율동감이
더욱 있어 보여서 자연스러워 보여요.

07 아날로그 느낌을 주기 위해서는 선 느낌을
추가해 주는 것이 좋아요. 17번 연한 초록색
을 선택해서 짧은 대각선을 집 아래 주변에 추
가해 주세요.

그림 Tip 선 느낌을 줄 때는 브러시의 불투명도
를 중간보다 더 아래로 설정해서 그리면 더욱
자연스러워져요.

📚 레이어 체크

08 산의 느낌을 더욱 주기 위해 나무를 그릴게요. 산 레이어 위에 새 레이어를 추가해 주세요. 팔레트에서 19번 진한 초록색을 선택하여 나무를 그려 주세요.

✏️ **그림 Tip** 나무는 세모 모양으로, 아래로 내려올수록 퍼지게 그려 주는 것이 좋아요.

09 나무의 기둥을 30번 진한 갈색으로 그려 주세요.

📚 레이어 체크

10 산 레이어 아래에 새 레이어를 추가해서 지금 보이는 산보다 멀리 보이는 산을 하나 그릴게요. 팔레트에서 14번 연한 민트색을 선택하여 멀리 있는 산을 그려 주세요.

✏️ **그림 Tip** 멀리 있게 보이려면 앞에 있는 색보다 흐려야 해요.

11 이제 구름을 그려서 여유로운 풍경의 모습을 표현해 볼게요. 맨 위에 새 레이어를 추가하고 21번 연한 회색을 선택한 후 더 연한 회색으로 만들어 주세요. 만든 색으로 오른쪽이 살짝 잘리도록 구름을 그려 주세요.

✏️ **그림 Tip** 구름처럼 흘러가는 것은 도화지 안에 전부 그리는 것보다 형태를 살짝 잘리게 그려서 하늘이 더욱 넓게 보이도록 그리는 것이 좋아요.

12 팔레트에서 21번 연한 회색을 선택하여 지금 그렸던 구름보다 작게 그려 주세요.

✏️ **그림 Tip** 크기 변화를 주면 단조롭지 않은 그림으로 그릴 수 있어요.

13 마지막으로 텍스트를 추가하여 엽서와 포스터 느낌을 줄게요. 🔧(동작툴)에서 텍스트 추가를 눌러 주세요. 저는 'MY HOUSE'라고 적었어요.

Chapter 2

동심의 세계로, 크레파스 브러시

크레파스 브러시로
거친 듯 부드럽게 연습해 보기

ELEPHANT

귀여운 동물 친구들을 그려 보며 크레파스 브러시에 익숙해지도록 해요.
끊어지면서도 이어지는 크레파스의 매력을 담아 몽글몽글하게 그려 볼게요.

☐ Brush type

크레파스

01 (브러시툴)에서 크레파스 브러시를 선택해 주세요.
팔레트에서 21번 연한 회색을 선택해 코끼리를 그리
고 안을 칠해 주세요.

💡 **메뉴 Tip**

크레파스 브러시의 불투명도는 중간보다 위로 설정해야 색이 진하게 나와요. 거친 질감이 있어 불투명도를
중간으로 하면 색이 너무 바래게 나올 거예요.

02 팔레트에서 24번 검은색을 선택하고 브러시의 크기를
작게 해서 코끼리답게 그려 주세요. 6번 연한 분홍색
으로 볼터치와 하트도 함께 그려 주세요.

💡 **메뉴 Tip**

코끼리 귀는 퀵쉐이프를 적용하면 깔끔하게 그려져요.

🍃 **레이어 체크**

03 코끼리 친구인 병아리도 그릴게요. 코끼리 레이어
아래에 새 레이어를 추가해 주세요. 5번 노란색으로
아주 작은 병아리를 옆에 그려 주세요.

04 24번 검은색으로 브러시의 크기를 작게 하여 눈과
다리와 벼슬을 그리고, 9번 빨간색으로 부리를 그
려 주세요. 6번 연한 분홍색으로 볼터치를 그려서
사랑스러움을 더해 주세요.

(≋ 레이어 체크)

05 병아리가 서 있는 느낌이 나도록 아래에 그림자를
그릴게요. 병아리 레이어 아래에 새 레이어를 추가
해 주세요. 21번 연한 회색을 선택하고 병아리 아
래에 그림자를 그려 주세요.

💡**메뉴 Tip**

그림자가 자연스럽게 보이도록 브러시의 불투명도를
중간에서 살짝 아래로 내려서 그리세요. 애플펜슬의 기
울기를 낮춰서 칠하면 몽글몽글한 느낌이 더욱 나요.

✏️**그림 Tip** 그림이 공중에 떠 있는 느낌이 든다면 그림자로 안정감을 줄 수 있어요.

(≋ 레이어 체크)

06 문구를 적어 더 귀엽게 보이도록 해 볼게요. 코끼
리 레이어 위에 새 레이어를 추가해 주세요. 팔레
트에서 21번 연한 회색을 선택하여 'ELEPHANT'
라고 적어 주세요.

07 코끼리와 병아리를 그리며 사용했던 대표 색을 아래에 그릴게요. 맨 위에 새 레이어를 추가해 주세요.
5번 노란색, 21번 연한 회색, 6번 연한 분홍색으로 직사각형을 그려 주세요.

스크래치로 동심의 세계로

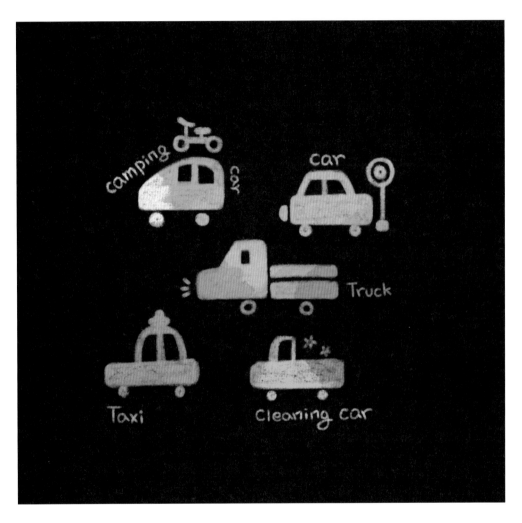

어렸을 적 크레파스로 알록달록 색칠한 후, 검은색 크레파스가 다 닳도록 전부 칠해 뾰족한 물건으로
쓱쓱 긁으면 나타났던 그림 기억하시나요? 프로크리에이트로 손에 묻히지 않고 알록달록하게 그려 봐요.

☐ Brush type

01 ✎(브러시툴)에서 크레파스 브러시를 선택해 주세요. 팔레트에서 5번 노란색을 선택하고, 색상 원을 드래그하여 컬러 드롭으로 캔버스에 색을 채워 주세요.

 크레파스 브러시

크기는 적당히 불투명도는 중간보다 위로 설정

02 같은 레이어에서 6번 연한 분홍색을 선택하여 동그랗게 칠해 주세요.

메뉴 Tip

색이 선명해야 하니 브러시의 불투명도를 최대로 올리고 칠해 주세요

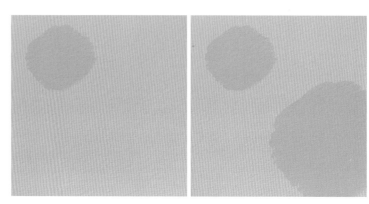

03 17번 연한 초록색으로도 칠해 주세요.

04 18번 초록색으로도 칠해 주세요.

05 20번 하늘색, 4번 연한 노란색으로도 칠하고 더 알록달록하게 색을 첨가해 주세요.

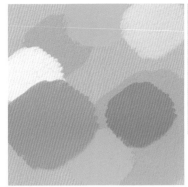

📚 레이어 체크

06 알록달록하게 칠해졌다면 맨 위에 새 레이어를 추가하고 팔레트에서 24번 검은색을 선택해 주세요. 색상 원을 드래그하여 컬러 드롭으로 안에 색을 채워 주세요.

07 이제 장난감 자동차를 그릴게요. 검은색으로 칠한 레이어에 그릴 거예요. 🧽 (지우개툴)에서 크레파스 브러시를 선택해 주세요. 캔버스 아래에 자동차를 그려 주세요.

💡 메뉴 Tip

지우개 크레파스 브러시의 크기는 작게 하고, 불투명도는 최대로 올려 주세요.

08 처음 그렸던 장난감 자동차 왼쪽에 자동차를 하나 더 그려 주세요.

09 가운데에 큰 트럭도 그리고, 정류장에 있는 택시도 그려 주세요.

10 마지막으로 자전거를 싣고 여행을 가는 캠핑카도 그려 주세요.

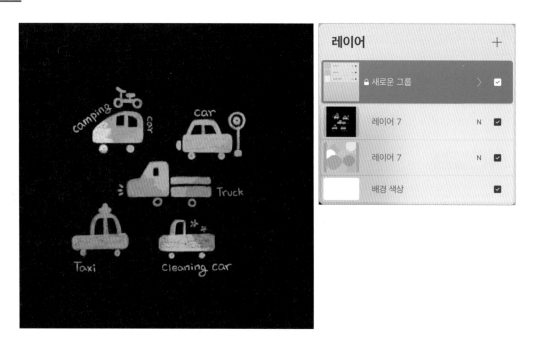

만나서 반가워, 고슴도치야

고슴도치를 그려 가며 크레파스 브러시에 더욱 익숙해져 봐요.
브러시의 크기 조절로 쉽고 귀여우며 앙증맞은 고슴도치를 만나 볼게요.

□ Brush type

01 ✏️(브러시툴)에서 크레파스 브러시를 선택하고, 30번 진한 갈색으로 고슴도치를 따라 그려 주세요. 13번 연한 주황색으로 볼터치도 그려 주세요.

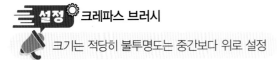 **설정** 크레파스 브러시

크기는 적당히 불투명도는 중간보다 위로 설정

02 고슴도치의 털을 그릴게요. 5번 노란색을 선택해 주세요.

메뉴 Tip

브러시 크기를 크게 설정하고 불투명도를 중간으로 하여 털을 칠해 주세요.

그림 Tip 털 군데군데에 터치를 겹쳐서 진하게 만들어 털이 뭉쳐 보이도록 해 주세요.

03 고슴도치의 털 표현을 추가할게요. 팔레트에서 27번 주황색을 선택하여 선을 그려 넣어 주세요.

그림 Tip 털을 그릴 때는 일정한 힘으로 그리지 말고, 털 시작 부분에서는 힘을 주고 애플펜슬을 뗄 때 힘을 빼면서 애플펜슬을 들면 자연스러운 털 표현이 돼요.

🔖 레이어 체크

04 이번에는 마주보는 고슴도치를 그릴게요. 맨 위에 새 레이어를 추가해 주세요. 30번 진한 갈색으로 스케치를 그리고 13번 연한 주황색으로 볼터치도 함께 그려 주세요.

05 러블리한 핑크 고슴도치를 그릴게요. 6번 연한 분홍색을 선택하세요. 노란 고슴도치를 그렸던 대로 브러시의 크기와 불투명도를 조절하여 털을 그려 주세요.

06 팔레트에서 7번 분홍색을 선택해 털 표현을 추가하세요.

🔖 레이어 체크

07 두 고슴도치가 주려고 하는 선물을 그릴게요. 노란 고슴도치 레이어 아래에 새 레이어를 추가해 주세요. 팔레트에서 7번 분홍색을 선택해 꽃을 그리고 19번 진한 초록색을 선택해 잎사귀와 줄기를 그려 주세요. 26번 연한 갈색과 30번 진한 갈색으로는 도토리를 그려 주세요.

≋ 레이어 체크

08 고슴도치 그림에도 안정감을 줄까요? 그림
자가 있으면 그림에 안정감을 준다고 했었
죠. 가장 아래에 새 레이어를 추가해 주세
요. 21번 연한 회색을 선택하여 두 고슴도
치 아래에 그림자를 포근하게 칠해 주세요.

🔆 **메뉴 Tip**

은은한 그림자의 느낌을 주기 위해서는 브러
시의 불투명도를 중간보다 아래로 설정하고
브러시 크기를 크게 설정해서 동글동글하게
그려 주세요.

≋ 레이어 체크

09 문구를 적을게요. 맨 위에 새 레이어를 추가해 주세요. 19번 진한 초록색으로 'HPPY'를 적고
27번 주황색으로 'A' 대신 꽃을 그려 주세요.

✏️ **그림 Tip** 전부 문구로 적는 것보다 일부는 오브제로 대체하여 그리면 사랑스러운 느낌이 더욱 나요.

어렸을 적 놀러 갔던 호수

어렸을 적 가족과 함께 산책 갔던 호수.
크레파스 브러시의 크기와 불투명도를 조절하며 아련하게 그려 봐요.

□ Brush type

크레파스

01 ✏️(브러시툴)에서 크레파스 브러시를 선택한 뒤 26번 연한 갈색을 선택하여 땅을 그려 주세요. 브러시의 불투명도는 중간보다 위로 설정해서 부드러운 느낌이 들도록 해 주세요.

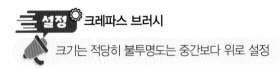
설정 🔧 **크레파스 브러시**
크기는 적당히 불투명도는 중간보다 위로 설정

02 팔레트에서 3번 살구색을 선택하여 뒤의 땅을 그려 주세요.

03 팔레트에서 28번 갈색을 선택하여 뒤의 땅을 그리고, 3번 살구색으로 브러시의 크기를 작게 하여 풀을 그려 주세요.

04 팔레트에서 30번 진한 갈색을 선택하여 굴곡이 있는 땅을 그리고, 브러시의 크기를 작게 하여 울타리도 그려 주세요.

05 이제 호수를 그릴게요. 땅 레이어 아래에 새 레이어를 추가해 주세요. 20번 하늘색을 선택한 후 더 연한 색으로 만들어 주세요. 만든 색으로 바다를 넓은 면적으로 칠해 주세요.

메뉴 Tip

바다는 브러시 크기를 크게, 불투명도는 중간보다 살짝 아래로 내려서 크레파스 특유의 질감이 잘 나타나도록 칠해 주세요.

06 바다를 칠한 색을 진한 색으로 만들어서 뒤에 보이는 산을 그려 주세요.

메뉴 Tip

브러시의 크기는 작게, 불투명도는 중간보다 위로 올려서 부드럽고 깔끔하게 그려 주세요.

레이어 체크

07 이제 오브제들을 그릴게요. 땅 레이어 위에 새 레이어를 추가해 주세요. 26번 연한 갈색으로 나무 기둥을 그리고, 17번 연한 초록색, 18번 초록색으로 야자수 나뭇잎을 그려 주세요.

메뉴 Tip

오브제들은 크기도 작고 선명해야 하기 때문에, 브러시의 불투명도를 최대로 올려서 그려 주세요.

(🔖 레이어 체크)

08 맨 위에 새 레이어를 추가해 주세요. 9번 빨간색으로
바다에 떠 있는 배를 그리고, 24번 검은색으로 노를
그려 주세요.

(🔖 레이어 체크)

09 바다에 떠 있는 느낌이 더욱 들도록 배 아래에 물결을
그릴게요. 배 레이어 아래에 새 레이어를 추가해 주세
요. 1번 하얀색으로 브러시의 불투명도를 중간보다 아
래로 설정하여 직선을 그어 주세요.

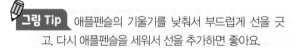 애플펜슬의 기울기를 낮춰서 부드럽게 선을 긋
고, 다시 애플펜슬을 세워서 선을 추가하면 좋아요.

(🔖 레이어 체크)

10 이제 갈매기를 그릴게요. 땅 레이어 위에 새 레이어를 추가해 주세요. 팔레트에서 1번 하얀색을
선택해 갈매기를 그려 주세요.

11 날고 있는 갈매기도 그려서 그림을 완성해 볼게요.

Chapter 3

부드러운 입자의 오일 파스텔 브러시

오일 파스텔 브러시로
부드럽게 끄적끄적 연습해 보기

오일 파스텔 브러시는 부드러운 입자로 되어 있어 달콤한 디저트나 포근한 그림을
그리기 좋은 브러시랍니다. 오일 파스텔 브러시로 달달한 아이스크림을 함께 그려 봐요.

□ Brush type

오일파스텔

01 팔레트에서 3번 살구색을 선택하세요. 색상 원을 드래그하여 컬러드롭으로 캔버스에 색을 채워 주세요.

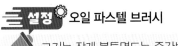

02 오일 파스텔 브러시를 준비하고, 팔레트에서 26번 연한 갈색을 선택해 주세요. 아이스크림콘을 그려 주세요.

💡 **메뉴 Tip**

오일 파스텔 브러시는 입자로 되어 있어 브러시 크기가 무척 클 거예요. 그래서 스케치를 할 때는 브러시의 크기를 아주 작게 설정하여 그리면 좋아요.

〈 🗂 **레이어 체크** 〉

03 아이스크림콘을 그렸던 레이어 위에 새 레이어를 추가해 주세요. 6번 연한 분홍색을 선택하여 먼저 동그라미를 그리고, 아래에 작은 동그라미를 그려 주세요. 안을 예쁘게 칠해 주세요.

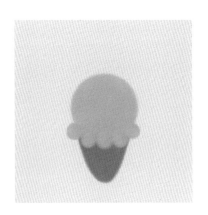

04 아이스크림이 더욱 맛있어 보이도록 1번 하얀색으로 왼쪽에 색을 입혀 주세요.

✏️ **그림 Tip** 오일 파스텔 브러시는 한 가지 색으로 칠하는 것보다 색을 더 추가하면 부드러운 느낌이 더욱 잘 표현돼요.

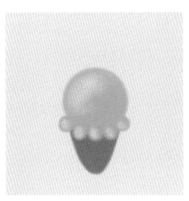

05 아이스크림콘 느낌이 나도록 무늬를 그릴게요. 〈아이스크림콘을 그렸던 레이어〉를 선택하고 30번 진한 갈색을 선택해 주세요. 브러시의 크기를 아주 작게 설정하여 무늬를 그려 주세요.

(🥞 **레이어** 체크)

06 아이스크림을 더욱 달달하게 꾸밀게요. 분홍색 아이스크림 레이어 위에 새 레이어를 추가해 주세요. 팔레트에서 9번 빨간색을 선택하여 동그란 체리를 그려 주세요.

✏️ **그림 Tip** 하얀색 점으로 하이라이트를 찍으면 더욱 생기 있어 보일 거예요.

07 30번 진한 갈색으로 체리의 꼭지를 그려 주세요.

08 잎사귀도 그리면 좋겠죠? 15번 민트색으로 작은 잎사귀를 그려 주세요.

09 아이스크림에 토핑을 올릴게요. 체리를 그렸던 레이어
위에 새 레이어를 추가해 주세요. 9번 빨간색으로 토핑
을 그려 주세요.

10 그 위에 새 레이어를 추가해서 이번에는 15번 민트색으로
토핑을 그려 주세요.

11 맨 위에 새 레이어를 추가해 주세요. 30번 진한 갈색과 7번 분홍색으로 'I♡ICECREAM'이라고
적어 주세요.

오늘의 먹방, 달콤한 디저트

bread

green tea cake

fried eggs

오일 파스텔 브러시와 조금 친해지셨나요? 이번에는 여러 색을 사용하여 그려 볼게요.
그리면서 눈으로 느껴지는 포만감을 함께 그려 봐요.

□ Brush type

오일 파스텔

01 먼저 프라이팬을 그릴게요. ✏️(브러시툴)에서 오일 파스텔 브러시를 선택해 주세요. 팔레트에서 23번 진한 회색을 선택해 주세요. 큰 동그라미를 그리고, 손잡이와 모양을 그려 주세요.

≡ 설정 ⚙️ 오일 파스텔 브러시

🖌️ 크기는 작게 불투명도는 중간보다 위로 설정

✏️ 그림 Tip 여러 개가 있는 그림을 그릴 때는 가장 큰 그림부터 그리는 것이 구도 설정을 하기가 좋아요.

02 팔레트에서 1번 하얀색을 선택하여 하이라이트를 주면 쇠의 반짝임이 표현돼요. 브러시의 크기를 작게 하고 불투명도를 최대로 올려서 하이라이트를 그려 주세요.

03 선택되어 있는 하얀색에서 브러시의 불투명도를 조금 낮춰서 계란프라이를 그려 주세요. 5번 노란색으로 노른자의 동그란 형태도 그리고 5번 노란색보다 살짝 진한 색으로 만들어서 노른자의 아랫부분에 색을 주세요.

✏️ 그림 Tip 노른자 아래에 어두운 색을 주면 음영이 있어 노른자가 더욱 볼록해 보일 거예요.

04 프라이팬과 계란프라이를 그렸던 레이어 위에 새 레이어를 추가하여 녹차 케이크를 그릴게요. +를 눌러 새 레이어를 추가하고, 16번 녹두색을 선택하여 녹차 케이크의 단면을 그려 주세요.

05 녹두색의 색을 더 연하게 만들어서 윗면을 그려 주세요.

그림 Tip 그릴 때 옆의 단면과 사이를 띄어서 그려 주세요.

06 녹차 케이크 위에 딸기를 올릴게요. 팔레트에서 9번 빨간색을 선택해 거꾸로 놓여 있는 딸기를 그려 주세요.

07 6번 연한 분홍색으로 딸기 주변에 생크림을 동글동글하게 그리고, 1번 하얀색으로 점을 찍어 씨앗을 표현해 주세요.

08 1번 하얀색으로 녹차 케이크 안에 달달한 생크림
도 그려 주세요. 아래쪽 생크림은 두껍게 그려서
달달함을 더욱 표현해 주세요.

09 녹차 케이크 2개를 배치할 것인데, 1개는 레이어 복
제로 만들 거예요. 녹차 케이크를 왼쪽으로 스와이
프하고 복제를 눌러 복제해 주세요.

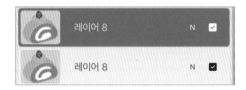

10 〈복제된 녹차 케이크 레이어〉를 선택하고, ↗(이동툴)로 예쁘게 배치해 주세요.

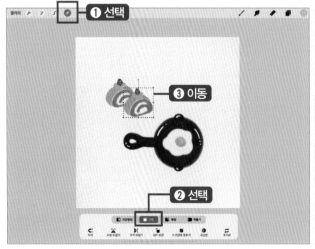

11 이번에는 크루아상을 그릴게요. 맨 위에 새 레이어를 추가해 주세요. 26번 연한 갈색으로 사이를 띄어 가며 크루아상을 그려 주세요.

✏️ **그림 Tip**   둥근 라인으로 그리면 빵의 부드러움이 잘 표현돼요. 가운데의 빵 2개는 더 크게 그려 주세요.

12 안에 양상추를 그리면 더욱 푸짐해 보여요. 18번 초록색으로 울퉁불퉁한 선을 그리면서 양상추를 그려 주세요.

13 아기자기함 느낌이 더욱 날 수 있도록 그림을 꾸 밀게요. 맨 위에 새 레이어를 추가해 주세요. 16번 녹두색을 선택하여 더 연한 색으로 만든 후 잎사귀를 그려 주세요. ◆ (지우개툴)에서 오일 파스텔 브러시를 선택하여 잎맥을 지워 가며 그려 주세요. 6번 연한 분홍색으로는 동그라미를 그려 주세요.

💡 **메뉴 Tip**

지우개 오일 파스텔 브러시의 크기는 작게, 불투명 도는 최대로 올려 주세요.

14 문구를 적어 그림을 완성할게요. 맨 위에 새 레이어를 추가해 주세요. 24번 검은색으로 문구를
예쁘게 적어 주세요. 저는 'bread, green tea cake, fried eggs'라고 적었어요.

귀여운 토끼와 꽃다발

동물 캐릭터를 그리기에도 좋은 오일 파스텔 브러시는 부드러움을 잘 표현해 줘요.
토끼를 그리며 포근한 느낌을 알아보고, 다채로운 꽃으로 그림을 화사하게 그려 봐요.

☐ Brush type

오일 파스텔

01 토끼를 그리기 전에 캔버스에 색을 채울게요. 3번 살구색을 선택하여 색을 살짝 어둡게 만들어 주세요. 색상 원을 드래 그하여 캔버스 안을 채워 주세요.

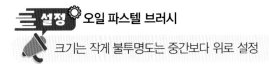
크기는 작게 불투명도는 중간보다 위로 설정

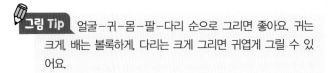

02 맨 위에 새 레이어를 추가해 주세요. ✏️ (브러시툴)에서 오일 파스텔 브러시를 선택하고, 팔레트에서 1번 하얀색을 선택하여 귀여운 토끼의 실루엣을 그려 주세요.

그림 Tip 얼굴-귀-몸-팔-다리 순으로 그리면 좋아요. 귀는 크게, 배는 볼록하게, 다리는 크게 그리면 귀엽게 그릴 수 있어요.

03 팔레트에서 6번 연한 분홍색을 선택하여 귀와 손을 칠해 주세요.

04 팔레트에서 13번 연한 주황색을 선택하여 볼터치를 그려 주세요. 24번 검은색으로 눈, 코, 입과 수염 등을 그려 주세요.

05 토끼가 더욱 앙증맞아 보이려면 소품을 추가하는 것이 좋아요. 9번 빨간색으로 리본을 그리고 1번 하얀색으로 리본을 꾸며 주세요.

(≋ 레이어 체크)

06 이제 토끼가 들고 있는 꽃다발을 그릴게요. 먼저 잎사귀를 그려요. 토끼 레이어 위에 새 레이어를 추가하고 16번 녹두색으로 잎사귀를 그려 주세요.

07 팔레트에서 27번 주황색을 선택하여 꽃을 그리고 5번 노란색으로 꽃을 더욱 풍성하게 그려 주세요.

📚 레이어 체크

08 맨 위에 새 레이어를 추가해 주세요. 팔레트에서 19번
진한 초록색을 선택하여 잎사귀를 그리고, 6번 연한
분홍색으로 꽃을 그려 주세요.

📚 레이어 체크

09 이제 문구와 오브제를 추가하고 그림을 완성해 볼게요. 맨 위에 새 레이어를 추가해 주세요. 24번
검은색을 선택하여 음표를 그리고, 'Attached doll'이라고 적어 주세요.

💡 **메뉴 Tip**

오일 파스텔 브러시로 포근한 느낌의 문구를 적었어요. 브러시의 크기는 작게 불투명도는 최대로 설정하여
작성해 주세요.

솜사탕 같은 산책

몽글몽글한 느낌의 구름과 따뜻한 느낌의 풍경을 그리며 함께 만끽해 보도록 해요.
브러시의 불투명도를 낮춰서 덧대어 그리면 구름의 몽글몽글한 느낌을 잘 살릴 수 있어요.

☐ Brush type

오일파스텔

01 풍경 그림을 그릴 때는 배경을 먼저 칠하는 것이 좋아요. 그래야 색의 균형을 잘 잡을 수 있어요. ✏️(브러시툴) 에서 오일 파스텔 브러시를 선택해 주세요. 16번 녹두색을 선택하여 산을 그려 주세요.

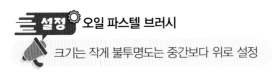

⚙️ **설정** 오일 파스텔 브러시

📢 크기는 작게 불투명도는 중간보다 위로 설정

02 팔레트에서 29번 적갈색을 선택해 길을 그려 주세요.

✏️ **그림 Tip** 산으로 올라갈수록 길이 얇아져야 멀어져 보이는 느낌이 나요.

03 길을 그렸으니 산이 조금 위로 올라오는 것이 좋겠죠. 음영을 주어서 산이 더 올라와 있는 느낌을 표현할게요. 산을 그렸던 16번 녹두색을 선택하고 조금 어둡게 색을 만들어 길옆에 음영을 주세요.

✏️ **그림 Tip** 길을 따라 쭉 음영을 주기보다는 음영의 두께를 달리 주어서 자연스러워 보일 수 있도록 해 주세요.

04 산을 칠했던 16번 녹두색을 선택하여 조금 연한 색으로 만들어 주세요. 브러시의 크기를 크게 하고 불투명도를 중간보다 아래로 설정하여 풀밭 군데군데에 밝은 음영을 주세요. 이후 브러시의 크기를 작게 하고 불투명도를 중간보다 위로 올려서 잔디를 세로선으로 그려 주세요.

✏️ **그림 Tip** 음영을 주고 싶을 때는 바탕색과 비슷한 색으로 주는 것이 좋아요. 원래 칠했던 색을 다시 선택하여 색을 조금 밝게 만들어 주세요.

(🍃 **레이어 체크**)

05 이번에는 하늘을 그릴게요. 산과 길을 그렸던 레이어 아래에 새 레이어를 추가해 주세요. 팔레트에서 20번 하늘색을 선택하여 더 연한 색으로 만들어 주세요. 브러시의 크기를 크게 하여 도화지색을 살짝 남기고 하늘을 칠해 주세요.

✏️ **그림 Tip** 도화지를 남기는 이유는 하얀 구름을 그리기 위해서예요.

(🍃 **레이어 체크**)

06 하늘을 칠했던 레이어 위에 새 레이어를 추가해 주세요. 1번 하얀색을 선택하여 구름을 그려 주세요. 먼저 동글동글하게 형태를 그리고, 안을 칠해 주세요.

💡 **메뉴 Tip**

구름은 브러시의 불투명도를 중간으로 설정하고 여러 번 덧대어 형태를 그린 뒤 안을 칠해 주세요.

✏️ **그림 Tip** 구름의 형태는 또렷하지 않고 몽글몽글하기 때문에 여러 번 덧칠해야 느낌을 잘 표현할 수 있어요.

🔖 레이어 체크

07 구름 레이어 위에 새 레이어를 추가해 주세요. 16번 녹두색을 선택하여 조금 어둡게 색을 만들어 주세요. 선을 엇갈리게 그어서 나무를 그린 뒤 30번 진한 갈색으로 나무 기둥을 그려 주세요.

🔖 레이어 체크

08 맨 위에 새 레이어를 추가해 주세요. 경치를 바라보고 있는 사람을 그릴게요. 24번 검은색으로 머리카락을 그리고 21번 연한 회색으로 티를 그려 주세요. 24번 검은색으로 바지를 그리고, 3번 살구색으로 팔을 올리고 있는 모습을 그려 주세요.

🔖 레이어 체크

09 같이 바라보고 있는 여자를 그릴게요. 맨 위에 새 레이어를 추가해 주세요. 5번 노란색으로 티를, 21번 연한 회색으로 치마를 그려 주세요. 24번 검은색으로 머리카락을 그려 주세요.

💡 **메뉴 Tip**

사람을 각각 다른 레이어에 그리는 이유는 두 사람의 크기가 마음에 들게 그려지지 않을 때가 많기 때문이에요. 만약 한 사람을 너무 크게 그렸다면 이동툴로 작게 조절하면 되는데, 한 레이어에 그린다면 이런 수정이 어렵겠지요. 그래서 각각의 레이어에 그린 후 크기의 어울림을 확인하는 것이 좋아요.

Chapter 4

번져 가는 매력,
수채화 브러시

수채화로 그러데이션
천천히 끄적여 보기

수채화는 번짐의 매력이 있어요.

이러한 매력을 수채화 브러시와 스머지툴을 활용하여 그러데이션으로 표현해 볼게요.

☐ *Brush type*

수채화

01 수채화 브러시는 스머지툴과 함께 사용해야 해요. 그러데이션을 깔끔하게 표현하기 위해 사각형을 그릴게요.

 (선택툴)을 클릭하고 아래 메뉴에서 직사각형을 선택하여 사각형을 그려 주세요.

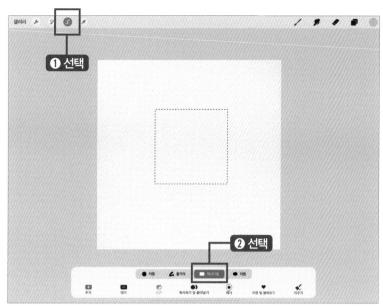

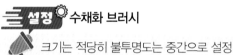

설정 **수채화 브러시**

크기는 적당히 불투명도는 중간으로 설정

02 팔레트에서 5번 노란색을 선택하고 색상 원을 드래그하여 컬러드롭으로 안을 채워 주세요.

메뉴 Tip

 (선택툴)을 다시 한번 누르면 선택툴이 사라져요.

03 〈노란색 레이어〉를 선택하여 알파 채널 잠금을 활성화해 주세요.

메뉴 Tip

두 손가락을 대고 오른쪽으로 스와이프하면 레이어 섬네일에 격자 무늬가 생기면서 알파 채널 잠금이 활성화돼요.

04 팔레트에서 7번 분홍색을 선택하여 세모로 칠해 주세요.

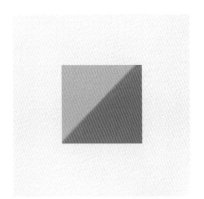

05 우측 상단에 ⬤이 있는데. 이 툴은 스머지라고 불려요. 클릭하면 브러시를 선택할 수 있답니다. 여기에서 수채화 브러시를 선택해 주세요.

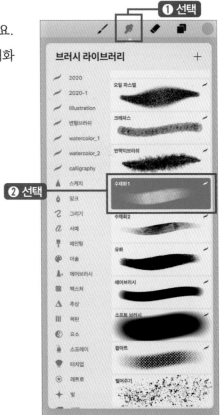

메뉴 Tip

➡ 스머지 브러시의 크기는 적당히, 불투명도는 중간보다 아래로 설정해 주세요. 스머지는 불투명도가 낮아질수록 더욱 자연스럽게 블렌딩이 돼요.

➡ 스머지란 두 색을 자연스럽게 연결해 주는 블렌딩 효과예요.

06 스머지로 노란색과 분홍색이 만나는 부분을 동글동글하게 문질러 색을 섞어 주세요.

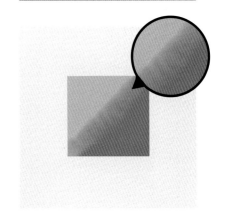

그림 Tip 두 색을 섞을 때는 경계 부분을 동글동글하게 문질러 주는 것이 좋아요.

07 그런 다음 대각선 방향으로 선을 그어서 붓터치를 정돈해 주세요.

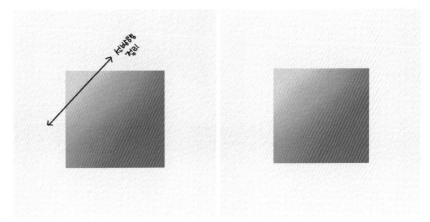

✏️ **그림 Tip** 동글동글하게 문질러 주면 붓 자국이 많이 남기 때문에 한 방향으로 선을 정리해 주면 좋아요.

08 색을 추가하여 그러데이션을 더욱 깊이감 있게 표현해 볼게요. 9번 빨간색을 선택하여 오른쪽 아래에 작은 세모 형태로 칠하고, 4번 연한 노란색을 선택하여 왼쪽 상단에 작은 세모 형태로 칠해 주세요. 이후 스머지로 자연스럽게 색을 이어 주세요.

≋ **레이어 체크**

09 사각형 레이어 아래에 새 레이어를 추가해 주세요. 22번 회색을 선택하여 그림자를 칠해 주세요.

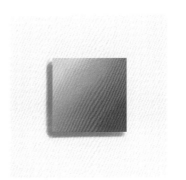

10 스머지로 도화지와 그림자 경계 부분을 동글동글하게 문질러 색을 섞고, 결대로 붓 방향을 정돈해 주세요.

색색별 나무 그리기

수채화 브러시 특유의 붓터치로 나무를 그려 볼게요.
스머지를 사용하지 않은 수채화 터치도 무척 매력 있답니다.

□ Brush type

수채화   HB 연필

01 ✏ (브러시툴)에서 수채화 브러시를 선택해 주세요. 팔레트에서 16번 녹두색을 선택해 원을 그려 주세요.

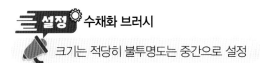

설정 ⚙ 수채화 브러시

크기는 적당히 불투명도는 중간으로 설정

메뉴 Tip

브러시의 불투명도를 중간으로 해야 수채화 붓터치가 더욱 잘 보여요.

그림 Tip 붓터치를 화면에서 떼지 않고 동그랗게 그린 후 다시 붓터치를 동그랗게 해 주세요. 붓터치가 겹쳐질수록 색이 진해져요.

02 팔레트에서 5번 노란색을 선택하여 세모를 그려 주세요.

03 팔레트에서 18번 초록색과 26번 연한 갈색을 선택하여 나무 형태를 그려 주세요.

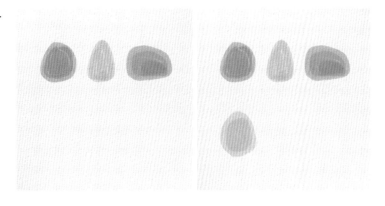

04 팔레트에서 21번 연한 회색과 14번 연한 민트색을 선택하여 나무 형태를 그려 주세요.

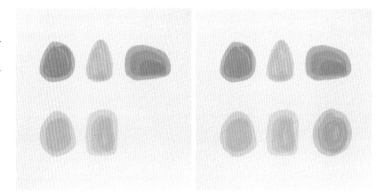

🞂 레이어 체크

05 나무에 나뭇가지를 그릴게요. 맨 위에 새 레이어를 추가해 주세요. ✏ (브러시툴)에서 HB 연필 브러시를 선택해 주세요. 팔레트에서 30번 진한 갈색을 선택하여 나뭇가지를 그려 주세요.

🔧 **설정** HB 연필 브러시

크기는 적당히 불투명도는 중간으로 설정

06 노란 나무의 나뭇가지는 짧은 선을 많이 추가하여 그려 주세요.

07 넓적한 초록 나무에도 둥근 패턴으로 나뭇가지를 그려 주세요.

08 저와 꼭 똑같은 나뭇가지 형태가 아니어도 되니, 선을 추가하여 나뭇가지를 그려 주세요.

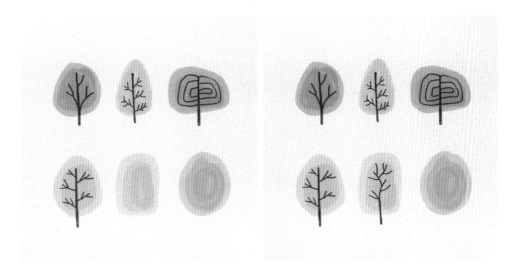

09 마지막 나무까지 예쁘게 그려서 완성하세요.

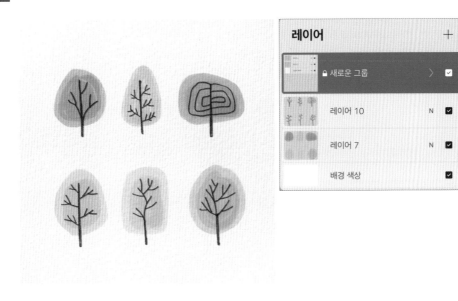

꽃내음이 가득한 리스

수채화 브러시로 겹쳐서 칠해 가는 리스.
수채화 브러시와 더욱 친해지고 예쁜 레이아웃도 함께 배워 봐요.

□ Brush type

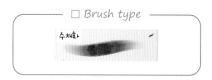

01 ✏ (브러시툴)에서 수채화 브러시를 선택해 주세요. 팔레트에서 5번 노란색을 선택한 후 붓터치를 통해 꽃을 그려 주세요.

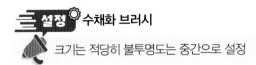 🎨 **수채화 브러시**

크기는 적당히 불투명도는 중간으로 설정

02 팔레트에서 27번 주황색을 선택하여 옆에 꽃을 하나 더 그려 주세요.

✏ **그림 Tip** 색이 진해질수록 붓터치가 더욱 잘 보여요. 더 진한 색으로 올리고 싶다면 붓터치를 겹쳐서 그려 주세요.

03 5번 노란색, 27번 주황색으로 꽃을 더 그려 봐요.

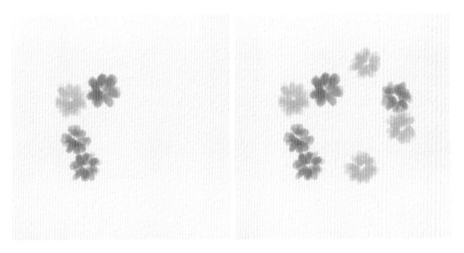

✏ **그림 Tip** 같은 오브제를 그릴 때는 간격이 중요해요. 간격이 일정한 것보다는 사이를 좁거나 넓게 기획하며 그리는 것이 더욱 감각적으로 보여요.

04 이제 잎사귀를 그릴게요. 꽃을 그렸던 레이어 위에 새 레이어를 추가해 주세요. 팔레트에서 17번 연한 초록색을 선택한 후 꽃과 꽃 사이에 나뭇잎을 그려 주세요.

05 조금 더 풍성하게 그려 주세요. 나뭇잎도 진하게 표현하고 싶은 부분은 브러시 붓터치를 덧칠하여 겹쳐 가며 그려 주세요.

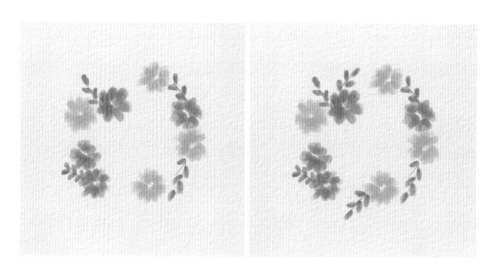

06 팔레트에서 16번 녹두색을 선택하여 잎사귀를 그려 주세요.

07 팔레트에서 10번 파란색을 선택하여 잎사귀를 그려 주
세요.

08 맨 위에 새 레이어를 추가해 주세요. 꽃 안을 더욱 꾸밀게요. 팔레트에서 30번 진한 갈색을 선택하
여 주황색 꽃 안에 짧게 터치를 해 주세요.

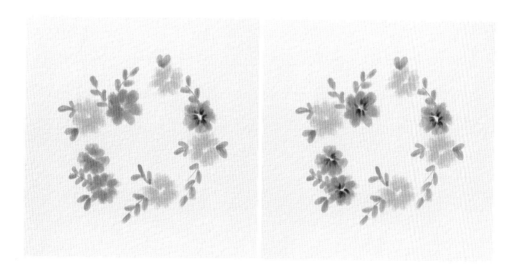

09 이번에는 노란 꽃을 꾸밀게요. 팔레트에서 27번 주황
색을 선택하여 짧게 터치를 해 주세요.

(≋ 레이어 체크)

10 그 위에 새 레이어를 추가해서 7번 분홍색으로
점을 찍어 화사하게 만들어 주세요.

(≋ 레이어 체크)

11 맨 위에 새 레이어를 추가하고 19번 진한 초록색으로 꽃 안에 'Flower'라고 적어 주세요. ✏
(브러시툴)에서 캘리그라피 브러시를 선택하고 브러시의 크기는 적당하게, 불투명도는 최대로 올
려 문구를 작성하세요.

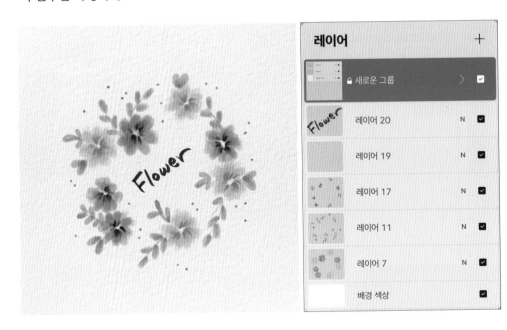

달콤한 사과 그리기

이번에는 여러 색으로 칠한 후 스머지로 그러데이션을 넣으며 달콤한 사과를 그려 볼게요.
스머지를 사용할 곳과 사용하지 않을 곳을 구분하면 더욱 감각 있게 블랜딩할 수 있어요.

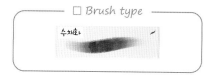

01 ✏ (브러시툴)에서 수채화 브러시를 선택하여 사과의 형태를 그릴게요. 팔레트에서 5번 노란색을 선택하여 동그라미와 비슷하게 그려 주세요.

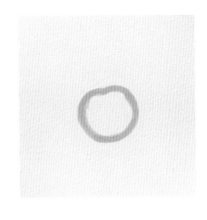

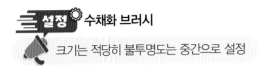
02 사과의 윗부분은 볼록해야 하니 해당 부분만 남기고 안을 칠해 주세요.

🖊 **그림 Tip** 진하게 색을 주고 싶은 곳은 터치를 겹쳐서 하며 칠해 주세요.

03 팔레트에서 27번 주황색을 선택하여 윗부분과 아랫부분에 색을 칠해 주세요.

04 팔레트에서 9번 빨간색을 선택하여 사과를 더욱 또렷하게 칠해 주세요.

05 이제 블랜딩을 하여 자연스럽게 색을 연결시킬게요. ✎ (스머지툴)에서 수채화 브러시를 선택하여 브러시의 크기는 작게, 불투명도는 중간보다 아래로 설정해 주세요.

> ✎ **그림 Tip** 스머지로 문지를 때 사과의 외곽 부분은 문지르지 말고, 색과 색의 경계 부분만 동글동글하게 문질러 색을 섞어 주세요.

06 색이 더욱 자연스럽게 블랜딩될 수 있도록 스머지로 문질러 주세요.

07 다시 브러시로 돌아가 9번 빨간색으로 진해져야 할 부분에 색을 칠해 주세요.

> ✎ **그림 Tip** 스머지로 문지르고 브러시로 색을 입히는 과정을 반복할수록 그림이 더욱 정교해져요.

08 밝은 톤을 더욱 주고 싶다면 5번 노란색으로 밝은 톤을 칠해 주세요.

09 스머지로 색과의 경계를 부드럽게 이어 주세요.

⬚ **레이어** 체크

10 이제 사과의 꼭지를 그릴게요. 맨 위에 새 레이어
를 추가해 주세요. 팔레트에서 19번 진한 초록색
을 선택하고 브러시의 크기를 작게 하여 그려
주세요.

✏️ **그림 Tip** 사과 꼭지의 시작 부분에서 멀어질수록 힘을
빼서 흐리게 그리세요.

11 한 번 더 붓터치를 겹쳐서 하여 진하게 만들고,
사과의 꼭지도 형태를 다듬어 주세요.

12 스머지로 꼭지의 시작 부분과 끝부분을 문질러서 색을
자연스럽게 풀어 주세요.

(🥞 레이어 체크)

13 하이라이트를 줘서 입체감을 더욱 풍부하게 줄게요.
맨 위에 새 레이어를 추가해 주세요. 팔레트에서 1번
하얀색을 선택하고 사과의 밝은 부분에 색을 입혀
주세요.

(🥞 레이어 체크)

14 이제 문구를 적을게요. 맨 위에 새 레이어를 추가해 주세요. 팔레트에서 19번 진한 초록색을 선
택하고 브러시의 크기를 작게 하여 'Apple'이라고 적어 주세요.

그림 Tip 그림에 맞게 동그랗게 작성하는 것이 더욱 어울려요.

동화 같은 바다

수채화의 붓터치가 돋보이는 풍경과 색감이 부드럽게 연결되는
스머지를 활용하여 몽환적이고 동화 같은 바다를 그려 봐요.

□ Brush type

수채화

01　(브러시툴)에서 수채화 브러시를 선택하세요. 15번
민트색을 선택하여 바다를 가로선으로 그려 주세요. 가운
데 부분이 더욱 진해지도록 터치를 겹쳐 주세요.

레이어 체크

02 이제 배경을 칠할게요. 바다 레이어 아래에 새 레이어를 추
가해 주세요. 팔레트에서 5번 노란색을 선택하여 바다 위
에 색을 입혀 주세요.

03 팔레트에서 7번 분홍색을 선택하여 하늘을 가로선으로
칠해 주세요.

04 스머지를 선택하여 하늘의 노란색과 분홍색 사이를 자연
스럽게 이어 주세요. 이후 〈바다 레이어〉를 선택하고 스
머지를 통해 바다의 붓터치들이 자연스럽게 이어지도록
해 주세요.

 메뉴 Tip

스머지툴에서도 수채화 브러시를 선택해 주고 브러시 크기는
크게, 불투명도는 중간보다 아래로 설정해 주세요.

05 〈분홍색 칠이 된 하늘 레이어〉를 선택하여 구름
을 그릴게요. 팔레트에서 1번 하얀색을 선택하
고 동글동글한 구름을 그려 주세요.

06 아래에 작은 구름도 그려 주세요.

그림 Tip 구름 외곽은 또렷하게 그린 부분도 있고
브러시의 기울기를 낮춰서 형태가 희미하게 그린
부분도 있어야 자연스럽게 보여요.

07 왼쪽 아래에도 구름을 그려 주세요.

그림 Tip 구름을 그릴 때 구름 안에 배경색을 조금
남기거나 배경색이 비치도록 두는 것이 구름의 몽
글몽글함을 잘 표현해요.

08 스머지를 선택하여 구름이 더욱 몽글몽글한 느낌이 나도록
문질러 주세요.

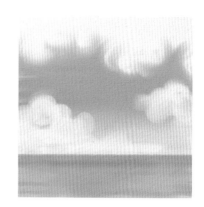

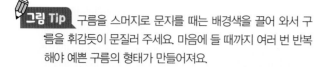 **그림 Tip** 구름을 스머지로 문지를 때는 배경색을 끌어 와서 구
름을 휘감듯이 문질러 주세요. 마음에 들 때까지 여러 번 반복
해야 예쁜 구름의 형태가 만들어져요.

09 바다에 노을이 비치는 풍경을 그려 볼게요. 〈바다 레이어〉
를 선택해 주세요. 팔레트에서 5번 노란색을 선택한 뒤
브러시로 가로선을 그려 주세요.

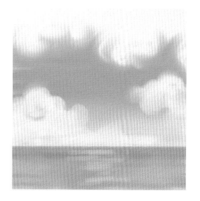

10 스머지로 자연스럽게 풀어 주세요.

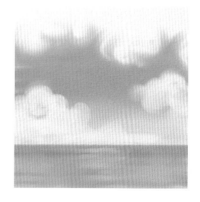

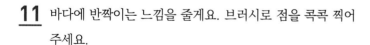 **그림 Tip** 풀어 줄 때는 가운데는 두고, 양쪽 위주로 풀어야 색이
뿌옇게 되지 않아요.

11 바다에 반짝이는 느낌을 줄게요. 브러시로 점을 콕콕 찍어
주세요.

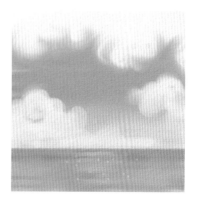

12 멀리 보이는 섬이 있으면 그림이 더욱 풍부해져요. 팔레트에서 19번 진한 초록색을 선택하고 브러시의 크기를 작게 하여 섬을 그리고 칠해 주세요.

✎ **그림 Tip** 브러시 질감이 보이도록 터치를 주며 칠해 주세요.

13 오른쪽에도 섬을 하나 더 그려 주세요.

〔 ☰ **레이어** 체크 〕

14 맨 위에 새 레이어를 추가해 주세요. 노을이 지는 하늘을 달과 별로 꾸밀게요. 팔레트에서 5번 노란색을 선택해 주세요. HB 연필 브러시를 선택하여 브러시의 크기는 작게, 불투명도는 최대로 올려서 달과 별을 그려 주세요.

Chapter 5

아날로그 감성, 유화 브러시

유화 브러시로
질감 느낌 끄적여 보기

유화 브러시 특유의 질감은 기교가 없어도 그림을 감각 있게 꾸며 준답니다.
오리를 그리며 유화 브러시의 매력에 빠져 봐요.

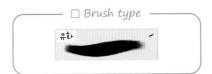

01 귀여운 오리를 그리며 유화 브러시와 친해지도록 해요.
✏ (브러시툴)에서 유화 브러시를 선택해 주세요.
팔레트에서 6번 연한 분홍색을 선택한 뒤 오리의 배가
볼록하게 그려 주세요.

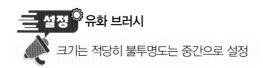 유화 브러시

크기는 적당히 불투명도는 중간으로 설정

🖊 **그림 Tip** 유화 브러시는 불투명도를 낮출수록 특유의 질감이 잘 보여요. 그리고 세로선보다 가로선으로 그었을
때 질감 느낌이 많이 나니 색을 칠할 때는 되도록 가로선으로 더 많이 칠하면 좋아요.

02 브러시의 크기를 살짝 크게 하여 안을 칠해 주세요.

03 팔레트에서 23번 진한 회색을 선택한 뒤 점을 찍어
눈을 그리고, 직선과 세모로 다리를 그려 주세요.

04 팔레트에서 5번 노란색을 선택하여 부리를 그려 주세요.

05 팔레트에서 1번 하얀색을 선택하여 날개를 그려 주세요.

06 팔레트에서 오리를 칠했던 6번 연한 분홍색으로 머리에 털을 그리고 9번 빨간색으로 목에 예쁜 끈 타이를 그려 주세요.

(≋ **레이어 체크**)

07 오리 레이어 아래에 새 레이어를 추가해 주세요. 21번 연한 회색을 선택하고 브러시의 크기를 크게 하여 오리 아래에 가로선으로 그림자를 칠해 주세요.

08 비어 있는 공간에 세로선 3개를 그어 풀잎을 표현해 주세요.

레이어 체크

09 맨 위에 새 레이어를 추가하고 23번 진한 회색을 선택해 주세요. 브러시의 크기를 작게 하여 'Douk,,'이라고 적고 그림을 완성해 주세요.

크리스마스 파티

유화 브러시는 크기를 작게 설정하여 그리면 질감이 더욱 또렷하게 보여요.
아기자기하고 작은 크리스마스 소품들을 그려 봐요.

□ Brush type

01 유화 브러시의 크기를 작게 설정하여 아기자기한 크리스마스 소품을 그릴 거예요. 팔레트에서 21번 연한 회색을 선택하여 조금 연한 색으로 만들어 주세요. 브러시의 크기를 작게 하여 캔들 워머를 그려 주세요.

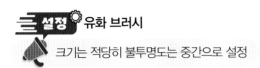
설정 ⚙유화 브러시

크기는 적당히 불투명도는 중간으로 설정

02 조금 진한 회색으로 만들어서 안쪽을 칠하고, 선을 추가하여 손잡이도 그려 주세요.

03 팔레트에서 1번 하얀색을 선택하여 캔들 워머에 밝은 색을 칠해 주세요.

04 맨 위에 새 레이어를 추가하고 안에 초를 그릴게요. 26번 연한 갈색을 선택하여 조금 밝게 색을 만든 후 양초를 그려 주세요. 30번 진한 갈색으로 초에 심지를 그려 주세요.

05 팔레트에서 27번 주황색을 선택하여 촛불을 그리고, 5번 노란색으로 불빛이 퍼져 보이도록 그려 주세요.

06 맨 위에 새 레이어를 추가해서 잎사귀도 그릴게요. 30번 진한 갈색으로 둥근 선을 얇게 그리고, 14번 연한 민트색으로 선을 추가하여 잎사귀를 그려 주세요.

≋ 레이어 체크

07 그 위에 새 레이어를 추가해 주세요. 14번 연한 민트색으로 잎사귀를 그리고, 9번 빨간색으로 열매를 그려 주세요. 6번 연한 분홍색으로 작은 점도 찍어서 생기 있게 보이도록 하세요.

≋ 레이어 체크

08 맨 위에 새 레이어를 추가해 주세요. 5번 노란색으로 지팡이를 그려 주세요.

09 〈지팡이를 그렸던 레이어〉에서 두 손가락을 대고 오른쪽으로 스와이프하여 알파 채널 잠금을 활성화해 주세요. 8번 진한 분홍색을 선택하고 둥근 줄무늬를 그려 주세요.

✏️ **그림 Tip** 지팡이 아래로 내려올수록 사선으로 둥글게 그려야 지팡이가 입체감이 생기면서 예쁘게 표현돼요.

10 크리스마스에 달달함 음료가 빠질 수 없겠죠. 맨
위에 새 레이어를 추가하고, 팔레트에서 6번 연한
분홍색을 선택하여 컵을 그려 주세요. 2번 아이보
리색으로 생크림도 그려 주세요.

11 달달한 음료에 과자 토핑을 그릴게요. 팔레트에서
30번 진한 갈색을 선택하여 둥근 직사각형을 그
리고, 2번 아이보리색으로 줄무늬를 그려 주세요.

12 오브제 중간에 문구를 적어서 그림을 더욱 감각
있게 바꿀게요. 맨 위에 새 레이어를 추가해 주
세요. 23번 진한 회색을 선택하여 'Warm'과
'Christmas'를 적어 주세요.

🔖 레이어 체크

13 맨 위에 새 레이어를 추가해 주세요. 팔레트에서
5번 노란색을 선택하여 꾸미고 싶은 곳에 노란 동
그라미를 그려 주세요.

🔖 레이어 체크

14 이렇게 오브제만 그려도 되지만, 유화 브러시의 질감 느낌을 더욱 돋보이게 하고 그림을 더욱 세련
되게 꾸미기 위해서 배경에 색을 추가할게요. 맨 아래에 새 레이어를 추가해 주세요. 팔레트에서
21번 연한 회색을 선택하고 색을 더 연하게 만들어 주세요. 만든 색으로 브러시의 크기를 크게 하여
가로선을 쓱쓱 그려서 질감 느낌이 잘 나게 칠해 주세요.

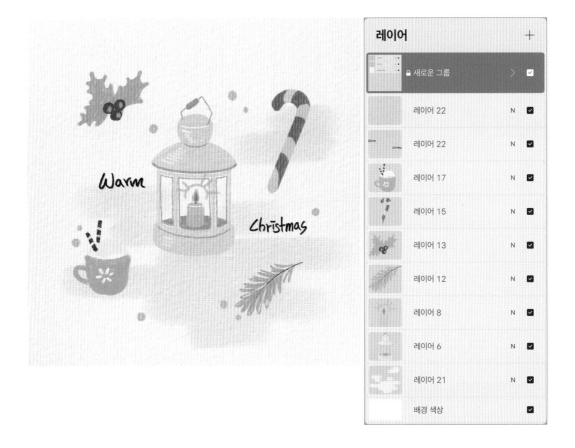

여행 갈 준비를 해요

색을 칠해도 예쁘고 선으로 그려도 예쁜 유화 브러시로
여행에 대한 설레임을 가득 담아 지도를 함께 그려 봐요.

☐ Brush type

01 ✏ (브러시툴)에서 유화 브러시를 선택해 주세요. 16번 녹두색을 선택하여 색을 조금 밝게 만들어 주세요. 지도를 각이 지게 스케치하고 안을 칠해 주세요.

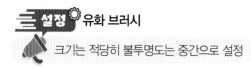
크기는 적당히 불투명도는 중간으로 설정

02 팔레트에서 26번 연한 갈색을 선택하여 밝게 색을 만든 후 길을 그려 주세요.

🔖 레이어 체크

03 지도에서 건물을 그릴게요. 맨 위에 새 레이어를 추가해 주세요. 21번 연한 회색을 선택하여 조금 밝게 색을 만든 후 집을 그려 주세요.

04 팔레트에서 10번 파란색을 선택하여 색을 어둡게 만든 후 지붕을 그리세요.

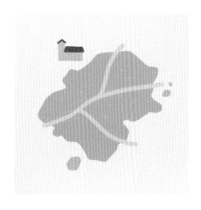

05 팔레트에서 24번 검은색을 선택하여 창문을 그려
주세요.

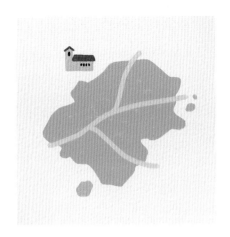

06 그 옆에 작은 건물도 그릴게요.
스포이드를 연한 회색을 칠했
던 곳으로 가져가 색을 추출해
주세요.

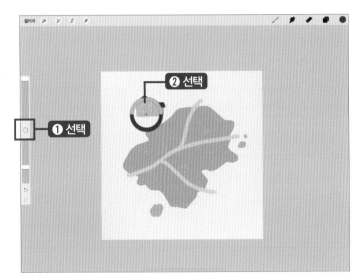

💡 **메뉴 Tip**

스포이드는 왼쪽의 크기와
불투명도를 조절하는 곳 사
이에 있는 네모 아이콘이
에요.

✏️ **그림 Tip** 제가 드린 도화지 캔버스에는 음영이 있어서 색을 추출하면 원래 색보다 어둡게 추출이 될 거예요. 그
래서 색을 추출한 후 조금만 밝게 색을 만들어 주세요.

07 추출한 색으로 왼쪽에 작은 건물을 그리고 안을 칠해
주세요.

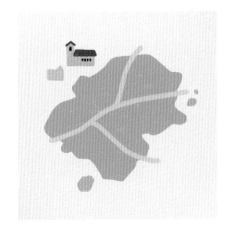

08 팔레트에서 20번 하늘색을 선택하여 지붕을 그려
주세요.

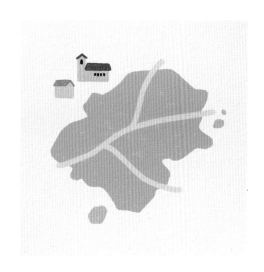

09 팔레트에서 24번 검은색을 선택하여 창문을
그려 주세요.

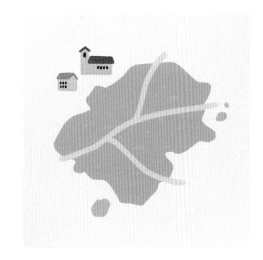

(☰ 레이어 체크)

10 지도를 그렸던 레이어 위에 새 레이어를 추가해
주세요. 팔레트에서 20번 하늘색을 선택하여 조
금 밝게 색을 만들어 주세요. 만든 색으로 호수와
강을 그려 주세요. 1번 하얀색으로는 선을 넣어
물줄기를 표현해 주세요.

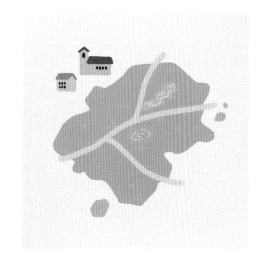

11 맨 위에 새 레이어를 추가해 주세요. 29번 적갈
색으로 나무 기둥을 그리고 가지도 그려 주세요.
19번 진한 초록색을 선택하여 동그란 나무를 그
려 주세요.

12 팔레트에서 7번 분홍색을 선택하여 꽃을 그리고
4번 연한 노란색을 선택하여 꽃 안에 동그라미를
그려 주세요.

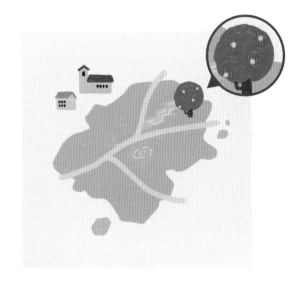

13 이번에는 바다에 떠 있는 배를 그릴게요. 맨 위에
새 레이어를 추가해 주세요. 21번 연한 회색으로
배를, 24번 검은색으로 깃발의 기둥을, 9번 빨간
색으로 깃발을 그려 주세요. 20번 하늘색을 선
택하여 조금 어둡게 색을 만든 후 바다의 물결을
표현해 주세요.

레이어 체크

14 이번에는 특산물을 그릴게요. 맨 위에 새 레이어를 추가해 주세요. 27번 주황색으로 오렌지를, 30번 진한 갈색으로 오렌지의 나뭇가지를, 19번 진한 초록색으로 오렌지의 잎사귀를 그려 주세요. 2번 아이보리색으로 오렌지에 하이라이트를 그려 넣어 주세요.

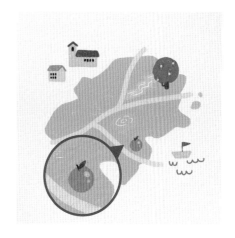

레이어 체크

15 산을 그릴게요. 맨 위에 새 레이어를 추가해 주세요. 18번 초록색을 선택하여 세모 모양의 산을 그리고, 28번 갈색을 선택하여 조금 연하게 색을 만들어서 세모 모양의 산을 그려 주세요. 19번 진한 초록색으로 산에 선을 그려 넣어 주세요.

레이어 체크

16 노란 택시와 정류장을 그릴게요. 맨 위에 새 레이어를 추가해 주세요. 5번 노란색으로 택시를 그리고 24번 검은색으로 바퀴를 그려 주세요. 21번 연한 회색으로 창문을, 27번 주황색으로 동그란 라이트를 그려 주세요.

17 1번 하얀색으로 푯말을 동그랗게 그리고 안에는 9번 빨간색으로 정지 표시를 넣어 주세요. 24번 검은색으로 기둥과 동그라미 외곽선을 그려서 완성해 주세요.

⬛ **레이어 체크**

18 맨 위에 새 레이어를 추가해 주세요. 28번 갈색으로 줄기를, 18번 초록색으로 잎사귀를 그려 주세요. 그린 나뭇잎을 왼쪽으로 스와이프하고 복제를 눌러 복제해 주세요. 그후 ↗ (이동툴)로 이동시키세요.

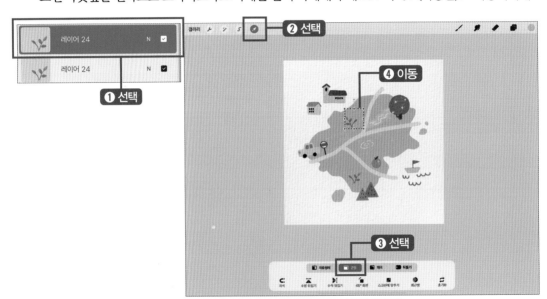

💡 **메뉴 Tip**

이동할 때는 균등으로 체크해야 형태가 일그러지지 않는다고 했죠?

✏️ **그림 Tip** 큰 오브제가 많을 때는 작은 오브제를 그려서 그림을 더욱 풍성하게 해 주는 것이 좋아요.

19 팔레트에서 8번 진한 분홍색을 선택하여 꽃을 그리고, 4번 연한 노란색을 선택하여 꽃 안에 동그라미를 그려 주세요. 19번 진한 초록색으로는 줄기와 잎사귀를 그려 주세요. 꽃 레이어를 복제하고 ↗(이동툴)로 이동시키세요.

20 마지막으로 지도에 풀잎을 그려서 완성할게요. 16번 녹두색을 선택하여 세로선 3개를 그려서 풀잎을 그려 주세요.

민트 케이크가 좋아

유화 브러시는 깔끔하면서도 세련된 질감을 갖고 있기 때문에
케이크도 달콤하게 그려진답니다.

☐ Brush type

01 / (브러시툴)에서 유화 브러시를 선택해 주세요. 팔레트에서 2번 아이보리색을 선택하고 색상 원을 드래그하여 안에 색을 채워 주세요.

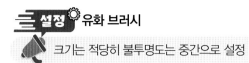
설정 ⚙유화 브러시
크기는 적당히 불투명도는 중간으로 설정

(🔖 레이어 체크)

02 맨 위에 새 레이어를 추가해 주세요. 팔레트에서 14번 연한 민트색을 선택하여 케이크를 그려 주세요. 안을 칠해 주세요.

03 케이크의 옆면도 그려 주세요. 배경색이 보이도록 사이를 띄어서 그리고 색을 칠해 주세요.

(🔖 레이어 체크)

04 민트색 케이크를 받치는 쟁반을 그릴게요. 케이크 아래에 새 레이어를 추가해 주세요. 팔레트에서 6번 연한 분홍색을 선택하고 색을 조금 어둡게 만들어 주세요. 만든 색으로 쟁반을 그려 주세요. 1번 하얀색으로 레이스 무늬도 그려 주세요.

05 쟁반을 칠한 분홍색을 더 어둡게 만들어서 케이크
아래 그림자와 쟁반 아래 그림자를 그려 주세요.

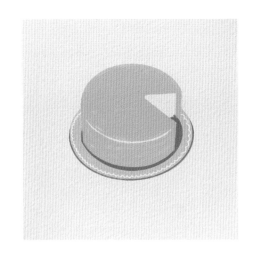

≋ 레이어 체크

06 이제 케이크 안에 조각 단면을 그릴게요. 맨 위에
새 레이어를 추가해 주세요. 팔레트에서 30번 진한
갈색을 선택하여 조금 어둡게 색을 만들고 안을 칠
해 주세요.

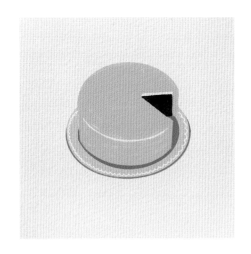

07 팔레트에서 1번 하얀색을 선택하여 동글동글한
생크림을 그려 주세요.

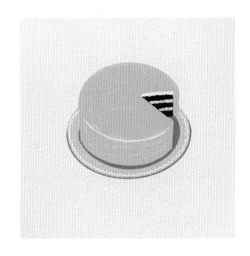

08 맨 위에 새 레이어를 추가해 주세요. 팔레트에서 9번 빨간색을 선택하여 동그라미를, 30번 진한 갈색을 선택하여 꼭지를 그려 주세요. 1번 하얀색으로는 생크림을 체리 주변에 둘러 주세요.

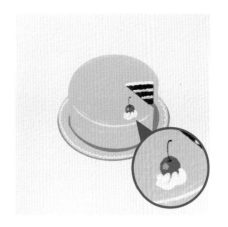

09 이렇게 그린 생크림과 체리 레이어를 복제하고 ↗(이동툴)로 케이크 위에 올려 주세요.

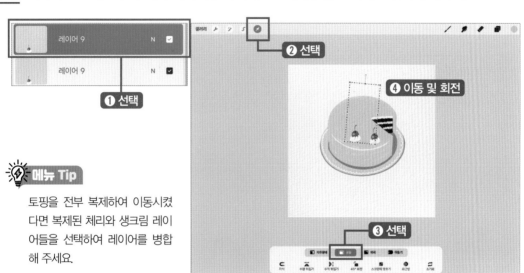

메뉴 Tip

토핑을 전부 복제하여 이동시켰다면 복제된 체리와 생크림 레이어들을 선택하여 레이어를 병합해 주세요.

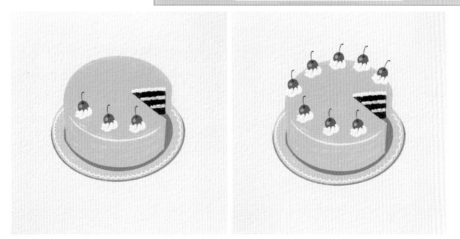

그림 Tip 케이크가 둥근 형태이니 체리와 생크림도 이동툴로 회전을 하면서 올리면 자연스러울 거예요.

10 생크림과 체리를 그렸던 레이어 아래에 새 레이어를 추가해 주세요. 생크림과 체리 아래에 그림자를 주면 더욱 맛있어 보여요. 팔레트에서 14번 연한 민트색을 선택한 후 조금 진한 색으로 만들어 주세요. 만든 색으로 생크림 모양처럼 울퉁불퉁하게 그림자를 넣어 주세요.

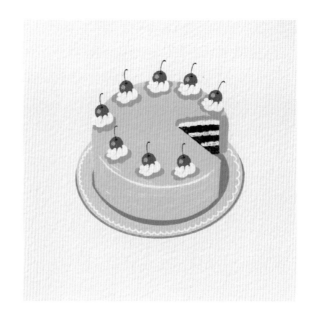

11 케이크가 더 달콤하게 보이도록 색을 추가하여 글씨 토핑을 그려 주세요. 맨 위에 새 레이어를 추가해 주세요. 12번 보라색으로 글씨를 써 주세요.

12 맨 위에 새 레이어를 추가해 주세요. 21번 연한 회색으로 문구를 적고 그림을 완성해 주세요. 'YouR CAKE'라고 적어 주세요.

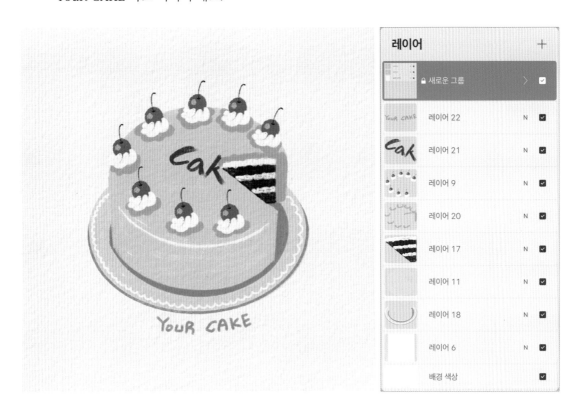

PART 3

그림의 기초와 프로크리에이트

Chapter 1

그러데이션이란
무엇인가요?

프로크리에이트로 간단하게
표현하는 그러데이션

그러데이션은 그림의 배경이나 오브제에 많이 쓰이는 방법이에요.

그러데이션을 활용하면 그림 스타일이 더욱 UP!

— ☐ Brush type —

유화

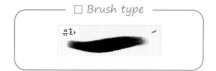

이론 미리보기

Q1 그러데이션이란 무엇인가요?

그러데이션이란, 그림에서 밝은 부분부터 어두운 부분까지 변화해 가는 농도의 단계를 말해요.

Q2 그러데이션을 표현하는 이유는 무엇인가요?

한 가지 색으로 표현하는 것보다 여러 색을 사용하는 것이 그림이 더욱 풍부해 보이는데요. 이때 그러데이션은 여러 색을 조화롭게 만들어 줘서 그림의 색감을 예쁘게 만들어 줘요.

자 그럼, 프로크리에이트로 그러데이션을 배워 볼게요. 그러데이션을 하는 방법은 총 세 가지로, 함께 그림으로 익혀 봐요.

01 프로크리에이트로 그러데이션을 표현하는 방법을 알아볼게요. ⌇(선택툴)을 누르고, 아래 메뉴에서 직사각형을 선택해 사각형을 그려 주세요.

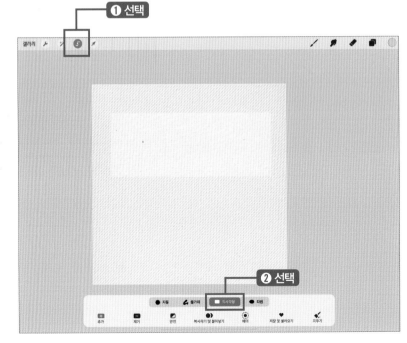

02 팔레트에서 5번 노란색을
선택하고 색상 원을 끌어
와 컬러드롭으로 선택툴
안에 색을 채워 주세요.

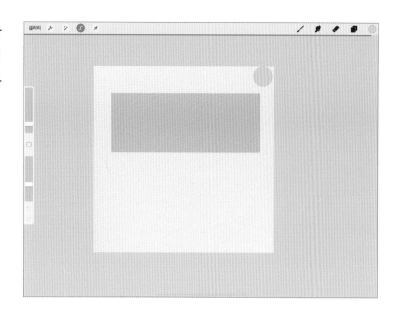

03 다시 ⟋(선택툴)을 누르면 선택이 해제돼요.

04 〈노란색 직사각형 레이어〉를 선택하고 두 손가락을 스와이
프하여 알파 채널 잠금을 활성화해 주세요.

05 ⟋(브러시툴)에서 유화 브러시를 선택하고 팔레트에서 4번
연한 노란색을 선택하여 왼쪽을 칠해 주세요.

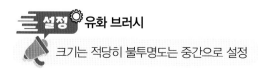

설정 유화 브러시
크기는 적당히 불투명도는 중간으로 설정

06 왼쪽 상단의 ✨(조정툴)을 눌러 가우시안 흐림 효과를 눌러 주세요.

07 액정에 애플펜슬을 대고 오른쪽과 왼쪽으로 움직여 보세요. 오른쪽으로 움직일수록 그러데이션이 되는 것을 볼 수 있어요. 이렇게 효과 하나로 간단하게 그러데이션을 표현할 수 있어요.

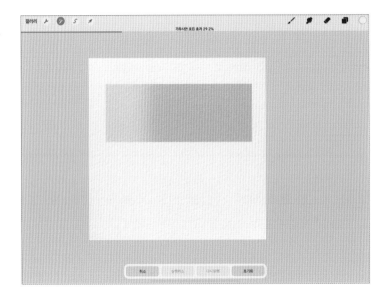

08 그 옆에 다른 색을 추가하여 그러데이션을 더욱 줄게요. 27번 주황색을 선택하여 칠해 주세요.

09 왼쪽 상단의 ✨(조정툴)을 눌러 가우시안 흐림 효과로 그러데이션을 주세요.

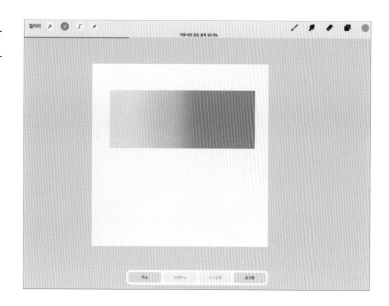

10 더 진한 색을 칠할게요. 9번 빨간색으로 오른쪽을 칠해 주세요.

11 가우시안 흐림 효과로 그러데이션을 넣으면 색이 풍부하게 완성돼요.

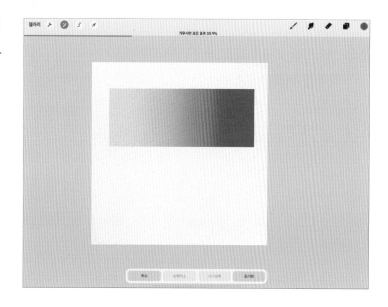

12 같은 방법으로 다른 색을 연습해 볼게요. 〈지금 그렸던 레이어〉를 선택하고 왼쪽으로 스와이프하여 레이어 복제를 해 주세요. 복제된 레이어를 선택하고 ↗(이동툴)로 아래로 이동시켜 주세요.

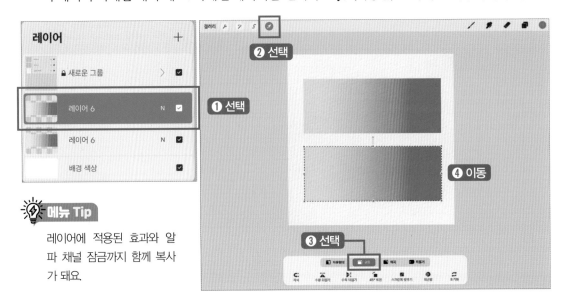

메뉴 Tip

레이어에 적용된 효과와 알파 채널 잠금까지 함께 복사가 돼요.

13 이번에는 한꺼번에 색을 칠한 후 가우시안 흐림 효과를 줄 거예요. 팔레트에서 14번 연한 민트색을 선택하여 칠하고, 점점 색을 진하게 만들어서 한 단계씩 더 진한 색을 오른쪽으로 가며 차례대로 칠해 주세요.

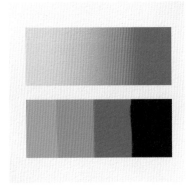

14 가우시안 흐림 효과를 적용하면 그러데이션이 완성돼요.

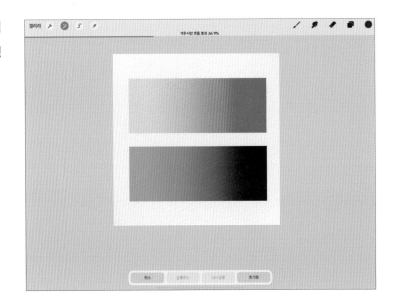

15 색을 한꺼번에 입히고 효과를 적용해도 같은 결과물이 나오니 그림에 따라 다르게 적용하면 돼요.

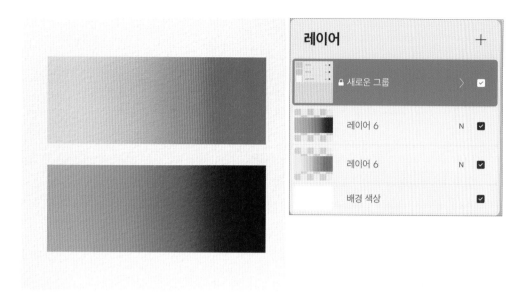

노을이 지는 도시 풍경

잔상 같은 감각 있는 그러데이션을 움직이는 흐림 효과로 표현할 수 있어요.
움직이는 오브제나 배경에 사용하면 좋은 효과예요.

□ Brush type

오일 파스텔

01 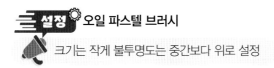(브러시툴)에서 오일 파스텔 브러시를 선택해 주세요. 팔레트에서 6번 연한 분홍색을 선택하여 조금 어둡게 색을 만들어 주세요. 만든 색으로 하늘을 칠해 주세요.

설정 ⚙ **오일 파스텔 브러시**

크기는 작게 불투명도는 중간보다 위로 설정

02 팔레트에서 11번 연한 보라색을 선택하여 분홍색 하늘을 감싸듯이 칠해 주세요.

03 이번에는 진한 색으로 남은 하늘을 칠할게요. 12번 보라색을 선택하여 파란색이 섞이도록 색을 만든 후 외곽 부분 위주로 색을 칠해 주세요.

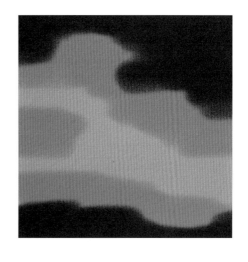

04 ✏️(조정툴)을 누르면 움직임 흐림 효과가 있어요. 움직임 흐림 효과를 누르고 애플펜슬을 오른쪽으로 움직일수록 효과가 적용돼요.

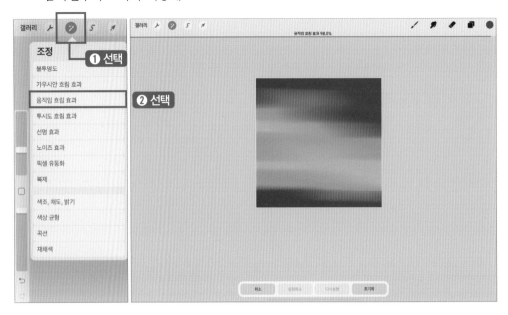

05 적용하면 이렇게 가로선으로 퍼지면서 옆으로 흘러가고 있는 느낌으로 바뀔 거예요.

(🍃 **레이어** 체크)

06 분홍빛과 보랏빛으로 물든 하늘에 구름과 도시 풍경을 그릴게요. 맨 위에 새 레이어를 추가해 주세요. 먼저 전봇대를 그릴게요. 팔레트에서 12번 보라색을 선택하여 검은색에 가깝게 색을 만들어 주세요. 만든 색으로 세로선을 두껍게 그리고 사선으로 가로선도 그려 주세요.

💡 **메뉴 Tip**

직선을 그릴 때 퀵쉐이프를 활용하면 편리하겠죠?

07 전봇대의 형태가 되도록 저를 따라 그려 주세요.

08 전봇대의 선을 그릴 때는 브러시의 크기를 작게 하여 곡선으로 그려 주세요.

09 작은 전봇대도 아래에 그려 주세요.

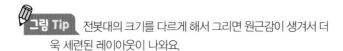 **그림 Tip** 전봇대의 크기를 다르게 해서 그리면 원근감이 생겨서 더욱 세련된 레이아웃이 나와요.

(⬙ **레이어** 체크)

10 하늘에 구름을 그릴게요. 전봇대를 그렸던 레이어 아래에 새 레이어를 추가해 주세요. 6번 연한 분홍색을 선택하고, 오일 파스텔 브러시의 불투명도를 중간으로 설정하여 동글동글한 구름을 그려 주세요.

11  (스머지툴)에서 오일 파스텔 브러시를 선택하고 브러시의 크기는 적당히, 불투명도는 중간으로 해서 구름의 형태가 희미해 보이도록 문질러 주세요.

그림 Tip 구름의 윗부분은 스머지로 문지르지 말고 구름의 아랫부분을 문질러 주세요.

🔖 레이어 체크

12 맨 위에 새 레이어를 추가해서 달과 별을 그릴게요. 브러시 크기를 작게 하고, 팔레트에서 5번 노란색을 선택하여 달을 그린 뒤 점을 찍어 별처럼 보이게 하세요.

그림 Tip 달이나 별처럼 작은 오브제는 브러시 불투명도를 최대로 설정하여 그리면 더 선명하게 보여요.

🔖 레이어 체크

13 맨 위에 새 레이어를 추가해 주세요. 다른 형태의 분홍색 별도 그리고 그림을 완성할게요. 팔레트에서 6번 연한 분홍색을 선택하고 선으로 별을 그려 그림을 완성해 주세요.

디테일한 그러데이션으로
달달한 딸기주스 그리기

스머지툴을 사용하여 그러데이션을 연습해 봐요. 스머지툴은 특정 부분에 대해 내가 지정해서
그러데이션을 디테일하게 줄 수 있어 그림을 더욱 세심하게 그리게 해 줘요.

☐ *Brush type*

01 팔레트에서 2번 아이보리색을 선택하여 조금 어둡게 색을 만들어 주세요. 색상 원을 드래그하여 캔버스에 색을 채워 주세요.

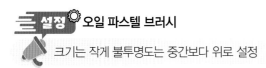

설정 ⚙️ 오일 파스텔 브러시

크기는 작게 불투명도는 중간보다 위로 설정

≋ **레이어** 체크

02 맨 위에 새 레이어를 추가해 주세요. ✏️ (브러시툴)에서 오일 파스텔 브러시를 선택하고 팔레트에서 1번 하얀색을 선택하여 컵의 모양을 그려 주세요.

≋ **레이어** 체크

03 그 위에 새 레이어를 추가해 주세요. 추가한 레이어의 섬네일을 눌러 클리핑 마스크를 실행해 주세요.

04 팔레트에서 8번 진한 분홍색을 선택하여 딸기주스를 세로 선으로 칠해 주세요.

05 🖊 (스머지툴)에서 오일 파스텔 브러시를 선택해 주세요. 브러시의 불투명도를 중간보다 살짝 아래로 설정하여 하얀 색과 분홍색 사이를 자연스럽게 문질러 주세요.

(🔷 **레이어** 체크)

06 맨 위에 새 레이어를 추가해서 더 어두운 톤을 줄게요. 8번 진한 분홍색을 선택하여 더 진한 색으로 만들어 주세요. 만 든 색으로 아랫부분에 칠한 뒤 스머지로 자연스럽게 문질 러 주세요.

(🔷 **레이어** 체크)

07 하얀 컵을 그렸던 레이어 아래에 새 레이어를 추가해 주세요. 새 레이어 섬네일을 눌러 클리핑 마스크를 적용해 주세요. 26번 연한 갈색으로 컵 주변에 색을 칠해 주세요.

✏️ **그림 Tip** 밝은 컵 주변의 배경을 어둡게 주면 컵이 상대적으로 더 밝게 보여요.

08 스머지 오일 파스텔 브러시로 부드럽게 풀어 주세요.

09 배경에 색을 더욱 진하게 주어 딸기주스를 돋보이게 할게요.
26번 연한 갈색을 선택하여 더 어둡게 색을 만들고 왼쪽과
아래에 칠해 주세요.

10 스머지 오일 파스텔 브러시로 색을 부드럽게 연결해 주세요.

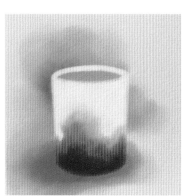

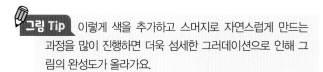
그림 Tip 이렇게 색을 추가하고 스머지로 자연스럽게 만드는
과정을 많이 진행하면 더욱 섬세한 그러데이션으로 인해 그
림의 완성도가 올라가요.

(≋ 레이어 체크)

11 이제 빨대를 그릴게요. 맨 위에 새 레이어를 추가해 주세요.
팔레트에서 19번 진한 초록색을 선택하여 기다란 빨대를
그려 주세요.

12 〈빨대 레이어〉에서 두 손가락을 대고 오른쪽으로 스
와이프하여 알파 채널 잠금을 활성화해 주세요. 팔레
트에서 1번 하얀색을 선택하여 줄무늬를 그려 주세요.

(🥞 **레이어** 체크)

13 딸기를 그려서 상큼한 느낌을 줄게요. 맨 위에 새 레이
어를 추가해 주세요. 팔레트에서 9번 빨간색을 선택하
여 딸기를 그리고, 19번 진한 초록색을 선택하여 잎사
귀를 그려 주세요. 1번 하얀색으로 씨앗을 그려 주세요.
그리고 맨 위에 새 레이어를 추가하고, 컵에도 흰색 점을
찍어 주세요.

(🥞 **레이어** 체크)

14 새 레이어를 추가해서 문구를 적으세요. 24번 검은색을 선택하여 딸기주스를 적어 주세요.

Chapter 2

명암과 입체감,
어렵지 않아요

명도, 어떻게 표현해야 할까요?

"명도는 밝음과 어두움"

북극곰이 더욱 따뜻해지도록 목도리에 명도 단계를 주면서 그려 봐요. 밝음에서 어두움의
단계가 어떻게 이루어지는지 이론을 알아보고 이론에 맞게 채색해 볼게요.

☐ Brush type

유화

이론 미리보기

Q1 명도란 무엇인가요?

명도란 물체와 빛의 색이 지니는 밝기를 말해요. 색을 구별하는 감각적인 요소 중 하나로, 같은 색이어도 '밝다', '어둡다'로 말하여 색을 구분해요.

Q2 채도란 무엇인가요?

채도란 색의 맑고 탁함을 이야기해요. 아무것도 섞이지 않은 원색은 채도가 높다고 하고, 다른 색을 섞을수록 채도가 낮다고 해요. 흰색, 회색, 검은색은 색이 없기 때문에 무채색이라고 말해요.

Q3 명도와 채도의 단계는 어떻게 이루어지나요?

명도는 하얀색으로 갈수록 '명도가 밝다'라고 말하고, 검은색으로 갈수록 '명도가 어둡다'라고 말해요. 채도는 순색에 가까울수록 '채도가 높다'라고 말하고, 다른 색이 섞일수록 '채도가 낮다'라고 말해요.

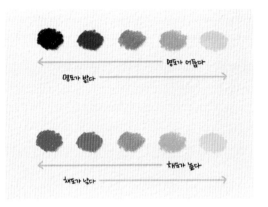

Q4 명도와 채도를 왜 표현해야 하나요?

명도가 밝은 것은 고명도, 어두운 것은 저명도라고 부르는데 입체감을 표현할 때 아주 유용하게 사용해요. 명도의 단계가 있어야 그림의 입체감이 형성되기 때문이죠. 채도 또한 입체감을 형성하기 중요한 요소이며, 채도가 높은 것은 고채도, 채도가 낮은 것은 저채도, 가운데는 중채도라고 불러요. 채도는 색감을 잘 어울리게 하는 데 유용하기 때문에 그림의 분위기를 좌지우지한답니다.

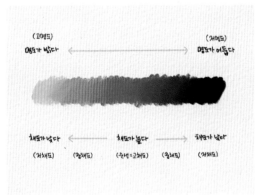

Q5 프로크리에이트 팔레트에서 명도와 채도는 어떻게 조절하나요?

명도는 색상 동그라미가 하얀색으로 올라갈수록 밝아지고 아래 검은색으로 내려갈수록 어두워져요. 채도는 오른쪽 상단 꼭짓점에 색상 동그라미가 위치해 있으면 가장 높으며, 다른 색이 섞여야 채도가 낮아지니 왼쪽으로 이동하여 하얀색으로 가거나 아래와 대각선으로 내려오면 채도가 낮아져요.

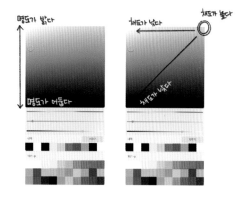

그럼 이제 명도와 채도의 이론을 바탕으로 그림을 함께 그려 가며 확실하게 익혀 볼게요. 북극곰의 목도리를 그리며 명도 단계를 알아볼게요.

01 색상 팔레트에서 20번 하늘색을 선택하여 채도를 약간 낮춰 주세요. 그렇게 하려면 색상 동그라미가 대각선으로 살짝 내려와야겠죠. 만든 색으로 색상 원을 드래그하여 컬러 드롭으로 캔버스에 색을 채워 주세요.

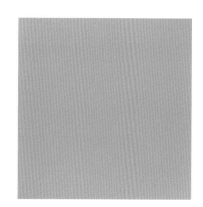

유화 브러시

크기는 적당히 불투명도는 중간으로 설정

≋ 레이어 체크

02 맨 위에 새 레이어를 추가
해 주세요. ✎ (브러시툴)
에서 유화 브러시를 선택
하고, 2번 아이보리색을
선택하여 귀여운 북극곰
을 그려 주세요.

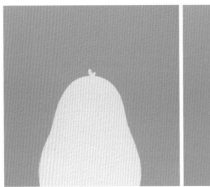

03 팔레트에서 24번 검은색을 선택하여 눈, 코, 입을 그리고
13번 연한 주황색을 선택하여 귀와 볼터치를 그려 주세요.

≋ 레이어 체크

04 명도 단계를 칠하기에 앞서 목도리를 그릴게요. 맨 위에 새
레이어를 추가해 주세요. 팔레트에서 22번 회색을 선택하
여 목도리를 그려 주세요.

≋ 레이어 체크

05 맨 위에 새 레이어를 추가하고, 새 레이어 섬네일을 눌러
클리핑 마스크를 적용해 주세요.

 메뉴 Tip

클리핑 마스크를 적용한 뒤, 화살표가 있는지 확인을 해 주세요

06 팔레트에서 22번 회색을 선택하고 색상 동그라미를 위로 올려 명도가 밝은 색으로 만들어 주세요. 만든 색으로 목도리의 왼쪽에 색을 넣으세요.

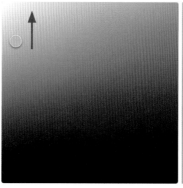 

07 이번에는 색상 동그라미를 아래로 내려서 명도를 살짝 어둡게 만들어 주세요. 만든 색으로 목도리에 색을 넣으세요.

08 색상 동그라미를 더 아래로 내려서 명도를 더 어둡게 만들어 주세요. 만든 색으로 목도리에 색을 넣으세요.

09 마지막 명도는 검은색에 가깝게 내려 주세요. 만든 색으로 목도리의 오른쪽에 색을 넣으세요.

그림 Tip 중간에 명도 단계 차이가 많이 나지 않으면 색을 다시 만들어서 칠해 주세요.

⟪ 레이어 체크 ⟫

10 배경에 하얀 눈을 그릴게요. 맨 위에 새 레이어를
추가해 주세요. 1번 하얀색으로 눈을 동글동글하
게 그려 주세요.

⟪ 레이어 체크 ⟫

11 맨 위에 새 레이어를 추가하여 문구를 적고 완성할게요. 팔레트에서 24번 검은색을 선택하고 브러
시 크기를 낮춰 '명도는 밝음과 어두움'이라고 적어 주세요.

프로크리에이트 툴을 활용한
복숭아 명도

레이어 곱하기
클리핑 마스크
< 명도 어두움 >

지우개 브러시
< 명도 밝음 >

복숭아의 명도 단계를 프로크리에이트 툴을 응용하여 간단하게 표현해 봐요. 여러 색을 사용하지 않고,
한 가지 색으로 아날로그 느낌과 명도가 있는 풍성한 복숭아를 함께 그려 봐요.

□ Brush type

유화

01 ✏(브러시툴)에서 유화 브러시를 선택하고, 팔레트에서 7번 분홍색을 선택하여 색을 조금 어둡게 만들어 주세요. 만든 색으로 둥근 하트가 되게 복숭아를 그리고, 안을 칠해 주세요.

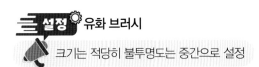

설정 ⚙ 유화 브러시

크기는 적당히 불투명도는 중간으로 설정

≡ 레이어 체크

02 그 위에 새 레이어를 추가해 주세요. 30번 진한 갈색으로 꼭지를 그리세요. 17번 연한 초록색을 선택한 후 색상 동그라미를 왼쪽으로 살짝 움직여 색을 조정하고 잎사귀를 그려 주세요.

03 이렇게 복숭아의 기본색을 칠했는데, 프로크리에이트의 툴을 응용하여 입체감이 있는 복숭아로 만들게요. 먼저 복숭아의 밝은 톤을 만들 거예요. 밝은 색을 만들어서 칠해도 되지만, 지우개툴로도 밝은 톤을 표현할 수 있답니다.

◣(지우개툴)에서 유화 브러시를 선택해 주세요. 크기는 작게, 불투명도는 20 정도로 주세요. 복숭아 꼭지 아래에 둥근 선을 그려 주세요.

✏ 그림 Tip 지우개 브러시의 불투명도가 낮기 때문에 여러 번 덧칠하여 선을 긋는 것이 좋아요. 그래야 선 하나에도 밝음과 어두움이 있어서 자연스럽게 표현돼요.

04 지우개 유화 브러시 크기를 조금 더 크게 하여 복숭아 왼쪽과 외곽 부분을 지워서 밝은 톤을 표현해 주세요.

✏️ **그림 Tip**　복숭아 가운데 부분이 가장 볼록하죠. 복숭아 외곽 부분을 밝게 만들어 주어야 복숭아 가운데가 가장 튀어나와 보여요. 복숭아 가운데로 갈수록 애플펜슬을 기울여서 칠하면 색이 더욱 자연스럽게 이어져요.

05 지우개 브러시를 사용하니 붓터치 흔적이 많이 남을 거예요. 이런 부분은 🖌️(스머지툴)에서 유화 브러시를 선택하여 크기는 적당하게, 불투명도는 중간보다 아래로 설정하여 부드럽게 문질러 주세요.

≋ **레이어 체크**

06 이번에는 반대로 잎사귀의 어두움을 표현할 건데, 잎사귀를 칠했던 같은 색으로 명도를 어둡게 하는 방법을 알려 드릴게요. 잎사귀 레이어 위에 새 레이어를 추가해 주세요. 새로 만든 레이어 패널에서 N을 누르고 곱하기를 눌러 주세요. 레이어 곱하기로 설정하면 같은 색이라도 어둡게 만들어 주는 효과가 생겨요. 레이어 곱하기를 설정하고 새 레이어의 섬네일을 눌러 클리핑 마스크를 적용해 주세요.

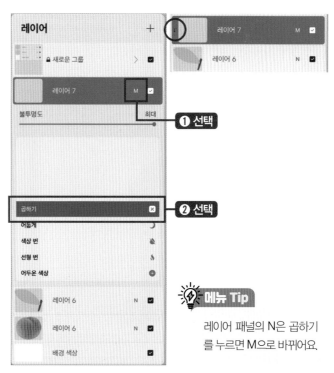

💡 **메뉴 Tip**

레이어 패널의 N은 곱하기를 누르면 M으로 바뀌어요.

07 잎사귀를 칠했던 색을 선택하여 잎사귀의 가운데에 선을 그리고 잎사귀 윗부분과 아래에 색을 살짝 칠해 주세요. 같은 색인데도 레이어 곱하기로 설정되어 있어 어두운 색으로 그려질 거예요. 이렇게 같은 색으로도 쉽게 명도를 나눌 수 있답니다.

08 잎사귀 아래의 어색한 부분은 (스머지툴)에서 유화 브러시를 선택하고 브러시 크기를 작게 설정하여 부드럽게 문질러 주세요.

⚞ 레이어 체크

09 배운 내용을 적으면서 그림을 완성할게요. 맨 위에 새 레이어를 추가해 주세요. 팔레트에서 24번 검은색을 선택한 뒤 브러시 크기를 작게 하여 적어 주세요.

양말을 그리며
채도를 알아 가요

" 채도는 맑고 탁함 "

채도를 이론에 맞게 그리며 단계를 익혀 봐요.
양말을 그려 보면서 각 색마다의 채도 단계에 익숙해지도록 해요.

□ Brush type

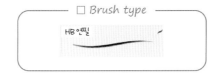

HB 연필

01 ✏ (브러시툴)에서 HB 연필 브러시를 선택하세요. 실제 연필과 같은 고운 입자로 되어 있어 아기자기한 그림을 그리기에 아주 좋은 브러시예요. 팔레트에서 21번 연한 회색을 선택하고 양말의 형태를 그린 뒤, 직접 안을 칠해 주세요.

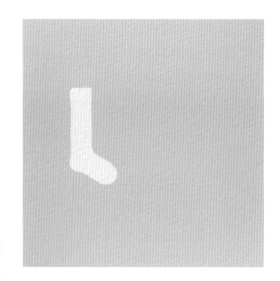

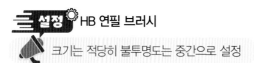 HB 연필 브러시

크기는 적당히 불투명도는 중간으로 설정

（ 🍃 레이어 체크 ）

02 양말 레이어 위에 새 레이어를 추가해 주세요. 24번 검은색을 선택한 뒤, 브러시 크기를 작게 하여 양말의 외곽선과 눈, 코, 입을 그려 주세요.

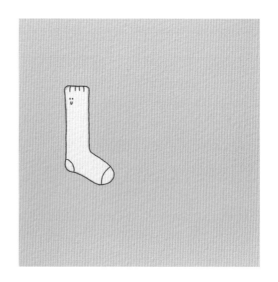

03 〈하얀색으로 칠한 양말 레이어〉를 선택하세요. 두 손가락을 대고 오른쪽으로 스와이프하여 알파 채널 잠금을 활성화해 주세요.

💡 메뉴 Tip

알파 채널 잠금을 활성화하면 양말의 하얀색 밖으로 색이 나가지 않아서 여러 색을 추가할 때 유용하게 사용할 수 있어요. 채도 단계를 줄 때 좋은 팁이에요.

04 양말 3개를 그리며 채도를 익혀 볼 거예요. 양말 3개의 알파 채널 잠금을 각각 활성화하는 것보다 양말을 만들기 위해 앞서 그린 2개의 레이어를 그룹으로 만들어서 복제하고 사용하는 것이 더 편하게 그릴 수 있어요.

먼저 아래 두 가지 방법 중에 편한 방법으로 레이어 그룹화를 해 주세요.

🔆 **메뉴 Tip**

레이어 그룹에는 두 가지 방법이 있어요. 첫 번째 방법은 하얀색 양말 레이어를 선택하여 꾹 눌러서 라인이 그려져 있는 양말 레이어 위에 살짝 대고 있으면 그룹으로 설정돼요. 두 번째는 그룹으로 하고 싶은 레이어들을 애플펜슬로 오른쪽으로 스와이프하여 선택한 후 오른쪽 상단의 그룹을 누르면 돼요.

05 레이어가 그룹으로 설정되면 레이어가 이렇게 보일 거예요.

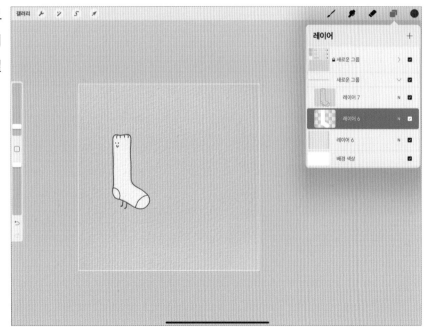

🔆 **메뉴 Tip**

레이어 그룹은 각각의 레이어가 살아있으면서도 레이어 복제나 이동을 함께 적용할 수 있어서 편리해요.

06 레이어를 그룹화했으니 이제 레이어 그룹을 복제할 거예요. 레이어 그룹을 선택하고 왼쪽으로 스와이프하여 복제를 눌러 주세요.

07 레이어가 복제되면 두 번째 새로운 그룹 레이어를 선택하고 ↗(이동툴)을 눌러 양말을 오른쪽으로 이동시키세요.

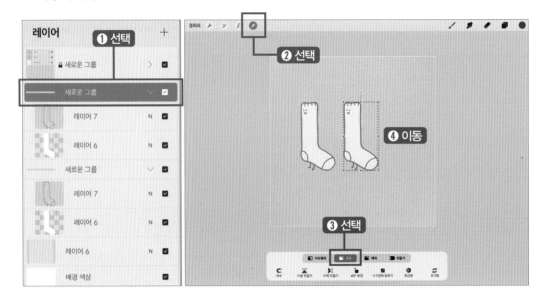

 메뉴 Tip

이동툴 메뉴에서 균등으로 설정되어 있기에 형태가 일그러지지 않고 이동돼요.

08 새로운 레이어 그룹을 한 번 더 복제한 뒤 ↗(이동툴)로 오른쪽으로 이동시키세요.

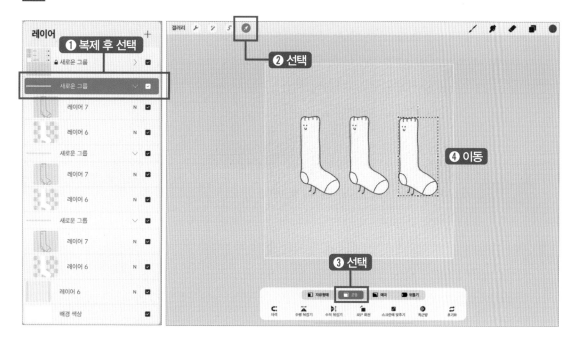

09 이제 본격적으로 양말에 각각의 채도 단계 연습을 해 볼게요. 〈맨 아래 레이어 그룹의 하얀색 양말 레이어〉를 선택해 주세요. 팔레트에서 9번 빨간색을 선택하여 발목 부분에 색을 칠해 주세요.

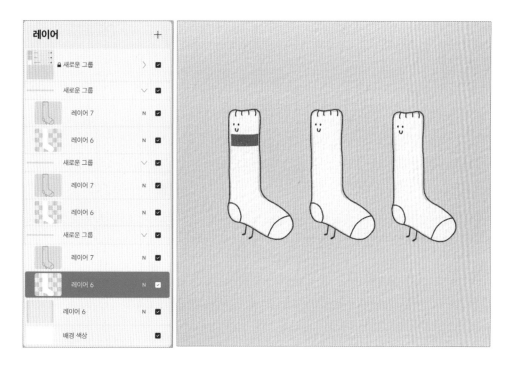

10 색상 팔레트의 색상 동그라미를 대각선 방향으로 내려서 채도를 낮게 설정한 후 그 아래에 칠해 주세요.

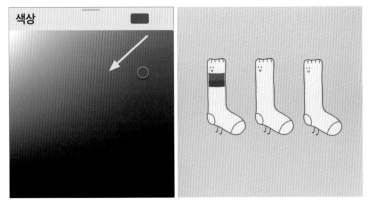

✏️ **그림 Tip** 채도는 오른쪽 상단 꼭짓점이 가장 높다고 했었죠. 채도를 낮추려면 다른 색과 살짝 섞어 주어야 해요.

11 색상 동그라미를 대각선 방향으로 살짝 내리면서 채도 단계별로 칠해 주세요.

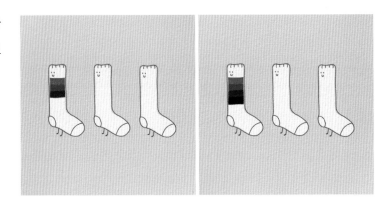

12 마지막으로 채도 단계를 검은색에 가깝게 만들어서 칠해 주세요.

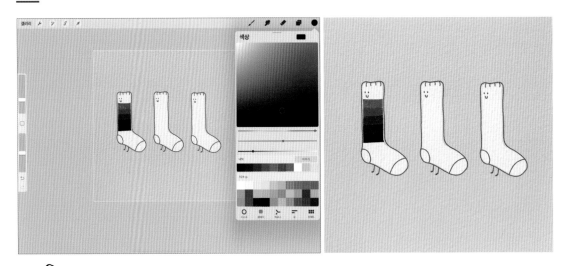

✏️ **그림 Tip** 검은색은 무채색으로 색이 없기 때문에 단계를 표현할 때 마지막으로 칠해 주면 채도 단계를 폭넓게 표현할 수 있어요.

13 이번에는 노란색으로 채도 단계를 그려 볼게요. 〈두 번째 레이어 그룹의 하얀색 양말 레이어〉를 선택해 주세요. 5번 노란색으로 양말의 발목 부분에 색을 칠하고, 색상 팔레트의 색상 동그라미를 내리면서 채도 단계를 차례차례 칠해 주세요.

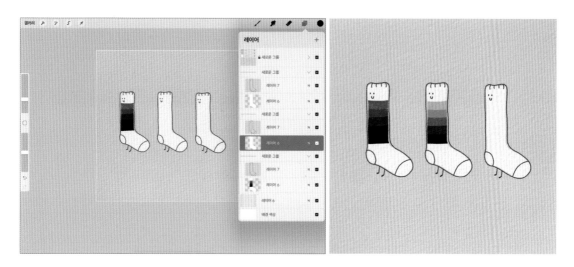

14 마지막 채도 단계를 초록색으로 표현할게요. 〈세 번째 레이어 그룹의 하얀색 양말 레이어〉를 선택해 주세요. 17번 연한 초록색을 바탕으로 색상 팔레트의 색상 동그라미를 내리면서 채도 단계를 칠해 주세요.

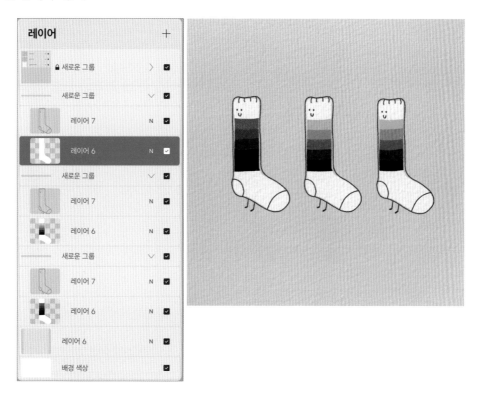

15 문구를 적고 그림을 완성할게요. 맨 위에 새 레이어를 추가해 주세요. 레이어가 그룹으로 되어 있어서 도화지 캔버스 레이어 그룹을 제외한 맨 위에 있는 새로운 그룹 레이어를 선택한 후 +를 눌러 새 레이어를 추가해야 해요.

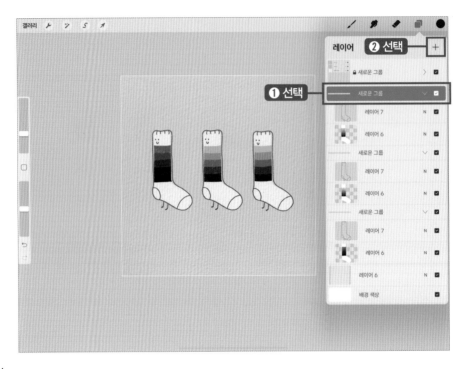

메뉴 Tip

새로운 그룹 레이어를 선택하지 않으면 그룹 안에 새 레이어가 추가되기 때문에 꼭 새로운 그룹 레이어를 선택한 후 새 레이어를 추가해야 해요.

16 팔레트에서 24번 검은색을 선택하여 '채도는 맑고 탁함'이라고 적어주세요.

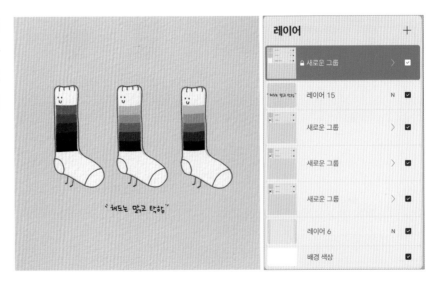

입체감 알아보기

Q1 입체감이란?

명도 단계와 채도 단계를 활용하여 얻어지는 물체의 입체적인 느낌을 의미해요.

Q2 입체감은 어떻게 형성되나요?

빛의 양과 빛의 방향에 따라 입체감이 생겨나요. 동그란 구를 보면 왼쪽은 한 색으로 칠했기 때문에 평면적인 느낌이 나요. 반면 오른쪽 구는 입체감이 확실히 보이죠. 이것은 빛의 양으로 단계를 주어서 색을 칠했기 때문이에요. 입체감이 표현되려면 밝은 톤, 중간 톤, 어두운 톤, 반사광, 그림자가 있어야 해요.

- **밝은 톤:** 빛을 가장 많이 받는 영역이에요. 현재 빛이 왼쪽 위에서 오기 때문에 구의 왼쪽 위가 가장 밝은 톤이 돼요.

- **중간 톤:** 중간 톤은 밝은 영역과 어두운 영역 사이를 말해요.

- **어두운 톤:** 빛의 반대편에 있어 빛을 받지 못하는 곳이에요. 빛이 왼쪽 위에서 오기 때문에 오른쪽 아래가 어두운 영역이 되겠죠.

- **반사광:** 빛이 지면에 반사되어 어두운 톤 안에서 살짝 밝아지는 영역을 의미해요.

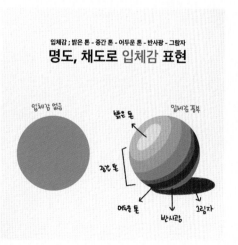

입체감 ; 밝은 톤 - 중간 톤 - 어두운 톤 - 반사광 - 그림자
명도, 채도로 입체감 표현

• **그림자:** 빛이 지나가는 경로 위에 물체가 있을 때, 물체 뒤쪽으로 빛이 통과하지 못해 생기는 어두운 부분을 말해요.

입체감은 밝은 톤, 중간 톤, 어두운 톤, 그림자로도 충분히 표현할 수 있어요.

㉯ 입체감이 꼭 있어야 하나요?

그림에 따라 입체감이 없게 그려야 하거나 풍부하게 그려야 하는 경우가 있어요. 캐릭터처럼 외곽선이 있으면 대부분 평면적으로 그리기 때문에 입체감 없이 그리고, 리얼리즘이나 색을 풍부하게 사용하고 싶다면 입체감을 표현하여 그리기도 한답니다. 그림 및 원하는 스타일에 따라 그리면 좋아요.

앞 부분까지는 입체감보다는 아기자기한 그림으로 그렸다면, 지금부터는 입체감이 있는 그림을 함께 그리며 더 맛있고 더 예쁘게 그려 볼게요.

계란프라이를 그리며
입체감 연습하기

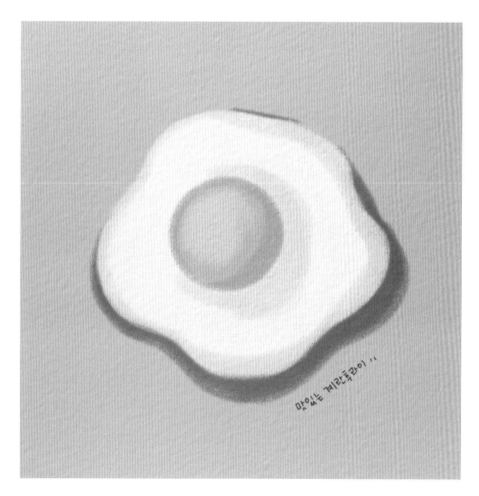

입체감 이론에 따라 계란프라이를 그려 볼게요.
입체감의 단계를 간단하게 표현해도 그림의 완성도가 충분히 높아져요.

☐ *Brush type*

오일파스텔

01 팔레트에서 20번 하늘색을 선택하여 채도를 조금 낮춰 주세요. 팔레트에서 색상 동그라미를 대각선으로 내리면 채도를 낮게 만들 수 있어요. 이후 색상 원을 드래그하여 컬러 드롭으로 캔버스 안에 색을 채워 주세요.

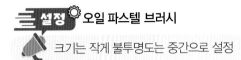 **설정** ⚙️ **오일 파스텔 브러시**

📢 크기는 작게 불투명도는 중간으로 설정

📚 **레이어 체크**

02 그 위에 새 레이어를 추가해 주세요. ✏️(브러시툴)에서 오일 파스텔 브러시를 선택하고 1번 하얀색으로 캔버스 가운데에 계란프라이를 그려 주세요.

03 브러시 크기를 살짝 크게 하여 안을 예쁘게 칠해 주세요.

📚 **레이어 체크**

04 맨 위에 새 레이어를 추가해 주세요. 팔레트에서 5번 노란색을 선택하여 계란프라이 왼쪽에 노른자를 그리고 안을 칠해 주세요.

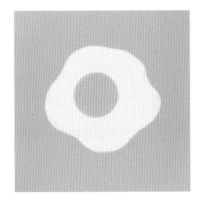

05 이제 이론을 배운 대로 노른자에 명암을 주어 입체감을 표현할게요. 입체감을 표현하기 위해 〈노른자 레이어〉의 알파 채널 잠금을 활성화해 주세요.

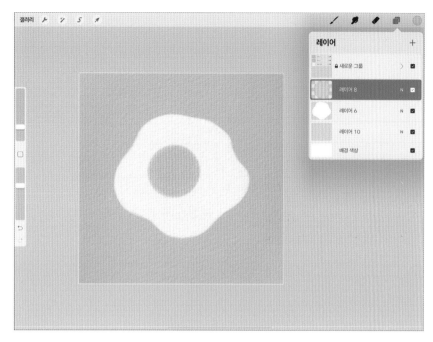

노른자 레이어에서 두 손가락을 대고 오른쪽으로 스와이프하면 알파 채널 잠금이 활성화돼요.

06 먼저 밝은 색부터 칠할게요. 5번 노란색을 선택하고 색상 동그라미를 위로 올려서 연한 색으로 만든 후 노른자 왼쪽에 칠해 주세요.

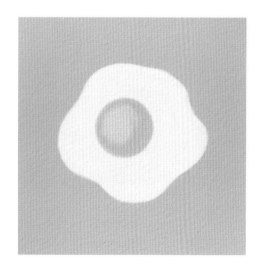

07 이번에는 어두운 음영을 주어 노른자의 입체감을 완성할게요. 5번 노란색을 선택한 후 주황색 쪽으로 살짝 조정하여 색을 어둡게 만들어 주세요. 만든 색으로 노른자의 오른쪽 아래에 색을 넣어주세요. 그럼 노른자가 볼록하게 튀어나와 보여요.

그림 Tip ┃ 어두운 톤을 주면 입체감이 더욱 확실해져요.

08 이제 계란프라이의 흰자에 음영을 줄게요. 〈흰자 레이어〉를 선택하여 알파 채널 잠금을 활성화해 주세요.

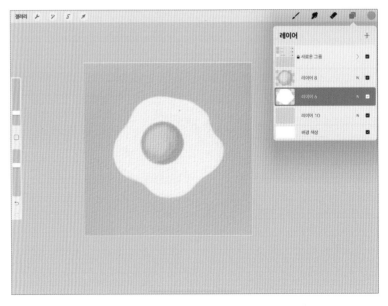

그림 Tip ┃ 흰자는 노른자에 비해 납작하기 때문에 많은 음영을 주기보다는 간단하게 입체감을 표현하는 것이 좋아요.

09 팔레트에서 21번 연한 회색을 선택한 후 명도를 아주 밝은 색으로 만들어 주세요. 색상 동그라미를 위쪽으로 올려서 더 연한 회색으로 만들면 돼요. 만든 색으로 노른자 아랫부분과 흰자의 외곽 부분에 색을 칠해 주세요.

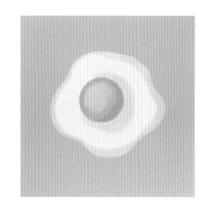

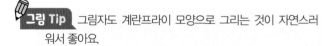

10 마지막으로 계란프라이에 입체감을 더해 주기 위해서 그림자를 그릴게요. 흰자 레이어 아래에 새 레이어를 추가해 주세요. 팔레트에서 23번 진한 회색을 선택하여 계란프라이 아래에 그림자를 그려 주세요.

> **그림 Tip** 그림자도 계란프라이 모양으로 그리는 것이 자연스러워서 좋아요.

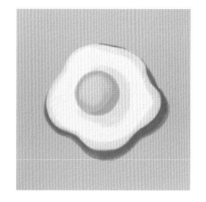

🗇 레이어 체크

11 그림자를 그리니 계란프라이의 입체감이 더욱 뚜렷해졌죠. 이제 문구를 적고 그림을 완성할게요. 맨 위에 새 레이어를 추가해 주세요. 그림자를 칠할 시 사용했던 23번 진한 회색을 선택하고, 브러시 크기를 작게 하여 '맛있는 계란후라이..'라고 적어 주세요.

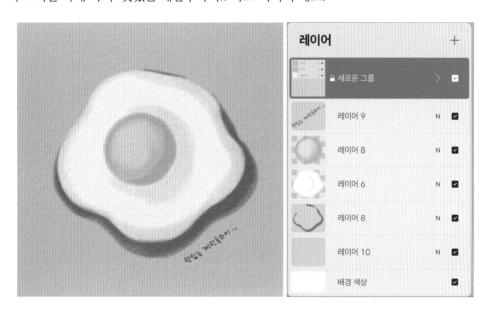

입체감이 풍부한
아보카도 그리기

둥근 입체감이 아닌 각이 살짝 있는 입체감은 어떻게 표현하는 것이 좋을까요?
과하지 않은 음영으로 각이 살짝 있는 입체감을 함께 표현해 봐요.

┌──── □ Brush type ────┐

오일파스텔

01 색상 팔레트에서 21번 연한 회색을 선택하고 아래 색상바를 움직여 녹색이 살짝 섞인 회색으로 만들어 주세요. 색상 원을 드래그하여 컬러드롭으로 캔버스 안에 색을 채워 주세요.

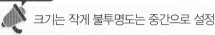 **오일 파스텔 브러시**

 크기는 작게 불투명도는 중간으로 설정

〰️ **레이어 체크**

02 그 위에 새 레이어를 추가해 주세요. ✏️(브러시툴)에서 오일 파스텔 브러시를 선택하고 팔레트에서 19번 진한 초록색을 선택하여 아보카도를 그린 뒤, 껍질을 칠해 주세요.

〰️ **레이어 체크**

03 그 아래에 새 레이어를 추가해 주세요. 4번 연한 노란색을 선택하고 아주 연한 색으로 만들어 주세요. 만든 색으로 아보카도 안에 색을 칠해 주세요.

〰️ **레이어 체크**

04 아보카도 안에 씨앗을 그릴게요. 아보카도 껍질 레이어 아래에 새 레이어를 추가해 주세요. 26번 연한 갈색을 선택한 뒤 동그라미를 그리고, 안을 칠해 주세요.

05 이제 기본 색감에 명암을 주어 입체감을 표현할게요. 그 전에 각 레이어의 알파 채널 잠금을 활성화해 주세요. 삐져나가지 않고 깔끔하게 칠하려면 알파 채널 잠금을 활성화하는 것이 좋겠죠?

06 아보카도 껍질에 밝은 부분을 넣어 명암을 풍부하게 할게요. 〈껍질 레이어〉를 선택해 주세요. 팔레트에서 19번 진한 초록색을 선택하고, 색상 동그라미를 위로 올려서 조금 밝은 톤으로 만들어 자연스럽게 칠해 주세요.

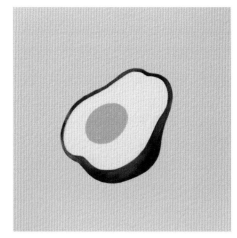

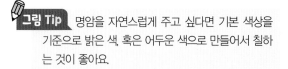 명암을 자연스럽게 주고 싶다면 기본 색상을 기준으로 밝은 색, 혹은 어두운 색으로 만들어서 칠하는 것이 좋아요.

07 이번에는 조금 어두운 색으로 만들어서 명암을 더욱 깊이감 있게 만들게요. 팔레트에서 19번 진한 초록색을 선택하여 아보카도 안과 껍질이 만나는 곳 위주로 칠해 주세요.

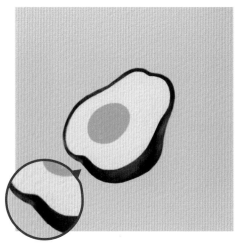

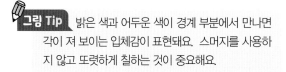 밝은 색과 어두운 색이 경계 부분에서 만나면 각이 져 보이는 입체감이 표현돼요. 스머지를 사용하지 않고 또렷하게 칠하는 것이 중요해요.

08 이제 씨앗에 명암을 주어 볼록한 입체감을 표현할게요. 〈씨앗 레이어〉를 선택해 주세요. 팔레트에서 26번 연한 갈색을 선택하여 연한 색으로 만들어 주세요. 만든 색으로 씨앗의 왼쪽 위에 색을 칠해 주세요.

그림 Tip 빛의 방향이 왼쪽 위에서 오니 왼쪽 위가 밝아야겠죠.

09 이번에는 씨앗에 어둠을 추가할게요. 26번 연한 갈색을 선택하여 조금 어둡게 색을 만든 후 씨앗의 오른쪽 아래에 색을 칠해 주세요.

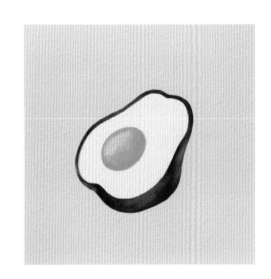

10 씨앗은 동그란 형태이니 스머지로 부드럽게 연결하여 동그란 느낌을 더욱 부각시킬게요. ✏(스머지툴)에서 오일 파스텔 브러시를 선택하세요. 브러시 크기는 작게, 불투명도는 중간보다 아래로 설정하여 색상 간의 경계를 부드럽게 문질러 주세요.

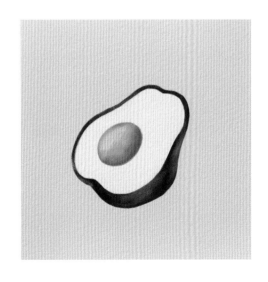

11 아보카도 안에 중간색을 풍부하게 주고 입체감을 줄게요. 〈아보카도 안을 칠했던 레이어〉를 선택하고, 4번 연한 노란색을 선택한 뒤 형광빛이 사라지도록 채도를 낮춰 주세요. 색상 동그라미를 아래로 살짝 내려야겠죠. 만든 색으로 아보카도 과육의 외곽 부분 위주로 칠해 주세요.

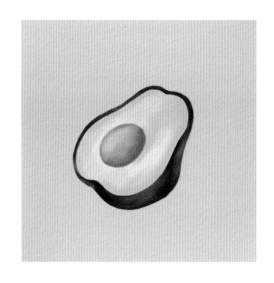

그림 Tip 각진 입체감이지만 아보카도의 형태상 둥근 부분도 있어야 하기 때문에 외곽에 중간 톤을 살짝 칠해야 안정감 있게 입체감을 표현할 수 있어요.

12 아보카도에 어둠을 주어 입체감을 더욱 풍성하게 표현할게요. 4번 연한 노란색을 선택하고 색상 동그라미를 더욱 아래로 내려 색을 어둡게 만들어 주세요. 만든 색으로 아보카도 씨앗 아래에 음영을 주고 아보카도 오른쪽 위주로 색을 칠해 주세요.

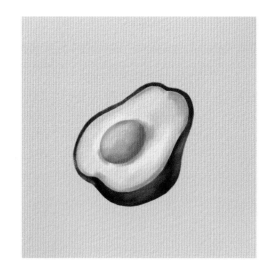

(레이어 체크)

13 그림자를 그려서 입체감을 완성할게요. 맨 아래에 새 레이어를 추가해 주세요. 22번 회색을 선택하여 아보카도 아래를 어둡게 칠해 그림자를 표현해 주세요. 이후 스머지 오일 파스텔 브러시로 그림자를 부드럽게 문질러 주세요.

14 배경에도 밝은 음영을 주어서 그림자를 분위기 있게 표현할게요. 〈배경 레이어〉를 선택하여 알파 채널 잠금을 활성화하세요.

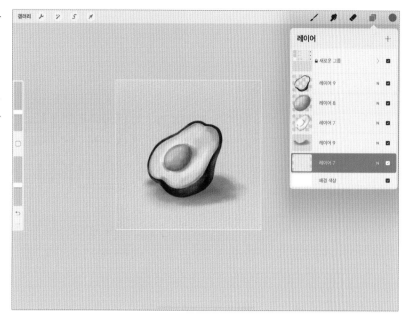

15 팔레트에서 21번 연한 회색을 선택하여 더 연한 색으로 만든 후 아보카도 왼쪽에 색을 칠해 주세요. 그럼 그림이 더욱 화사해 보일 거예요.

그림 Tip 배경에 음영을 넣을 때도 아보카도 빛의 방향과 같이 설정해 주면 더욱 자연스러워져요.

(≋ **레이어** 체크)

16 마지막으로 아보카도 아래에 사인을 적어서 완성해 주세요. 맨 위에 새 레이어를 추가하고, 팔레트에서 19번 진한 초록색을 선택하여 적어 주세요.

더 맛있게 보이는
디저트 그리기

초코 케이크의 흘러내리는 초콜릿을 입체적으로 그려 보고,
톡 튀어나와 보이는 체리를 그려서 더 달달하고 상큼해 보이게 해 봐요.

□ Brush type

오일파스텔

01 먼저 배경을 칠하고 케이크를 그릴게요. 팔레트에서 21번 연한 회색을 선택하고 색상 원을 드래그하여 컬러드롭으로 캔버스 안에 색을 채워 주세요.

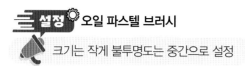
크기는 작게 불투명도는 중간으로 설정

📚 **레이어 체크**

02 빵을 그릴게요. 맨 위에 새 레이어를 추가해 주세요. 팔레트에서 26번 연한 갈색을 선택해 주세요. ✏️(브러시툴)에서 오일 파스텔 브러시를 선택하여 아래가 둥근 빵을 그리고 안을 칠해 주세요.

📚 **레이어 체크**

03 빵 레이어 위에 새 레이어를 추가해 주세요. 2번 아이보리색으로 생크림을 동글동글하게 그려 주세요.

📚 **레이어 체크**

04 맨 위에 새 레이어를 추가해 주세요. 초코 크림이 흘러내리고 있도록 그릴게요. 팔레트에서 30번 진한 갈색을 선택하여 따라 그려 주세요.

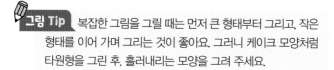 복잡한 그림을 그릴 때는 먼저 큰 형태부터 그리고, 작은 형태를 이어 가며 그리는 것이 좋아요. 그러니 케이크 모양처럼 타원형을 그린 후, 흘러내리는 모양을 그려 주세요.

05 이제 기본 색상 위에 명암을 주어 입체감 있고 더 맛있어 보이는 케이크로 그릴게요. 〈케이크 3개의 레이어〉의 알파 채널 잠금을 각각 활성화해 주세요.

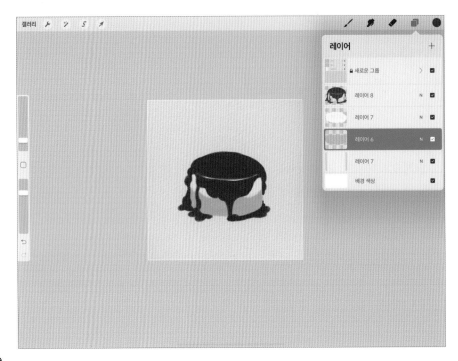

🖊️ **그림 Tip** 명암을 칠할 때 알파 채널 잠금이나 클리핑 마스크를 활성화하면 형태가 망가지지 않고 예쁘게 명암을 표현할 수 있어요.

💡 **메뉴 Tip**

레이어를 많이 만들고 싶지 않다면 알파 채널 잠금으로 적용하고, 나중에 명암이 마음에 들지 않아 삭제하거나 수정할 것 같으면 레이어를 복제한 뒤 클리핑 마스크를 적용해 주세요. 저는 레이어를 많이 만들면서 그리는 편이 아니어서 알파 채널 잠금으로 적용했어요.

06 먼저 어두운 음영을 줄게요. 〈생크림 레이어〉를 선택하고, 30번 진한 갈색을 선택하여 더 어둡게 색을 만들어 주세요. 만든 색으로 생크림의 오른쪽 부분과 케이크 아래 위주로 어둠을 주세요.

🖊️ **그림 Tip** 빛이 왼쪽 위에서 온다고 설정하고, 음영을 오른쪽 위주로 넣으면 돼요.

07 어둠을 주니 생크림의 입체감이 살짝 느껴지죠. 이 번에는 밝은 톤을 주어 입체감을 더욱 풍부하게 만 들게요. 팔레트에서 30번 진한 갈색을 선택하여 색을 더 연하게 만들어 주세요. 만든 색으로 빛이 오는 왼쪽 위주로 색을 칠해 주세요.

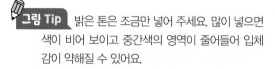 밝은 톤은 조금만 넣어 주세요. 많이 넣으면 색이 비어 보이고 중간색의 영역이 줄어들어 입체 감이 약해질 수 있어요.

08 초코 생크림의 명암을 주니 입체감이 풍부해졌죠. 이제 빵에 음영을 넣을게요. 〈빵 레이어〉를 선택 해 주세요. 팔레트에서 25번 황갈색을 선택하여 빵을 칠했던 색보다 조금 더 진한 색으로 만들어 주세요. 만든 색으로 빵의 오른쪽 부분 및 생크림 과 맞닿은 곳에 음영을 칠해 주세요.

그림 Tip 빵의 음영은 생크림의 음영보다 적게 주어야 초코 생크림이 더욱 부각되어서 맛있어 보여요. 그 래서 초코 생크림의 음영과는 달리 빵의 음영은 어 둠만 주도록 할게요.

09 빵의 느낌이 나도록 점을 찍어 주세요.

10 이렇게 초코 케이크에 명암을 주어 입체감을 주었어요. 이제 새콤한 체리를 그려 색감을 더욱 풍부하게 만들어 주세요. 맨 위에 새 레이어를 추가해 주세요. 팔레트에서 9번 빨간색을 선택하여 체리를 그려 주세요.

11 체리에도 명암을 주어 입체감을 표현할게요. 먼저 밝은 명암을 줄게요. 팔레트에서 6번 연한 분홍색을 선택하여 빛이 오는 방향인 왼쪽 위주로 색을 칠해 주세요.

12 🌫(스머지툴)에서 오일 파스텔 브러시를 선택하여 브러시 크기는 작게, 불투명도는 중간보다 아래로 설정하여 색을 자연스럽게 이어 주세요.

13 이제 어두운 색을 주어서 체리의 입체감을 더욱 풍부하게 표현할게요. 9번 빨간색을 선택하여 진한 색으로 만들어 주세요. 만든 색으로 체리의 아랫부분에 어둠을 주세요.

14 🖌(스머지툴)에서 오일 파스텔 브러시를 선택하여 색을 부드럽게 이어 주세요.

15 팔레트에서 30번 진한 갈색을 선택하여 체리의 꼭지를 그려 주세요.

📝 **그림 Tip** 체리는 꼭지를 길게 그리고, 꼭지 위에 곡선을 주어 살짝 두껍게 그리면 좋아요.

16 체리를 하나 더 만들게요. 체리 레이어를 왼쪽으로 스와이프하고 복제를 눌러 복제해 주세요. 복제된 레이어를 선택한 뒤 ↗(이동툴)을 눌러 왼쪽으로 이동시키고, 회전하여 형태도 살짝 바꾸어 주세요.

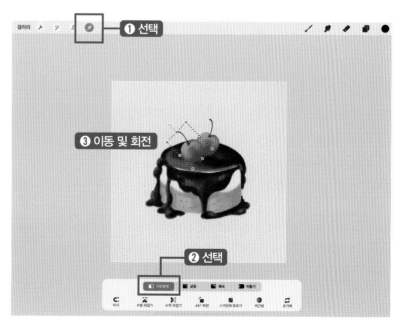

17 2개의 체리에 입체감을 더욱 주려면 그림자가 있어야 해요. 겹쳐져 있는 체리에 그림자 음영을 주어 앞에 있는 체리가 더욱 튀어나와 보이도록 할게요. 〈뒤에 있는 체리 레이어〉를 선택해 주세요. 팔레트에서 9번 빨간색을 선택하여 진한 색으로 만든 후 그림자 형태를 그려 주세요.

18 ✎(스머지툴)에서 오일 파스텔 브러시를 선택하여 그림자를 자연스럽게 풀어 주세요.

19 체리 아래에도 그림자를 줄게요. 〈초코 케이크 레이어〉를 선택해 주세요. 팔레트에서 30번 진한 갈색을 선택하여 색을 어둡게 만들어 주세요. 만든 색으로 체리 아래에 그림자를 그려 주세요.

✏️ **그림 Tip** 그림자는 입체감을 더욱 풍부하게 만들고, 2개의 오브제를 자연스럽게 연결하는 역할을 해요. 그림자를 주지 않은 체리는 초코 케이크 위에 붕 떠 있어 보이는데, 그림자를 넣으면 초코 케이크 위에 얹어져 있는 느낌이 들며 더욱 자연스러워 보여요.

20 스머지로 그림자를 자연스럽게 풀어 주세요.

(≋ **레이어** 체크)

21 케이크 아래에도 그림자를 그릴게요. 회색 배경 레이어 위에 새 레이어를 추가해 주세요. 팔레트에서 21번 연한 회색을 선택하여 배경보다 진한 색으로 만들어 주세요. 만든 색으로 케이크 형태처럼 둥글게 그림자를 그려 주세요.

22 더 진한 색으로 만들어서 그림자를 작게 한 번 더 그려 주세요.

⛁ 레이어 체크

23 체리가 더욱 상큼해 보이도록 하이라이트를 그릴
게요. 맨 위에 새 레이어를 추가해 주세요. 팔레트
에서 1번 하얀색을 선택한 후 체리에 동그라미를
그려서 빛나게 해 주세요.

⛁ 레이어 체크

24 맨 위에 새 레이어를 추가하고 팔레트에서 30번 진한 갈색을 선택한 뒤, 'cake..'라고 적어서 맛있어
보이는 케이크를 완성하세요.

풍경으로 그려 보는
명암과 입체감

포근한 풍경을 그리며 음영을 더욱 연습해 봐요.
음영이 있는 풍경 그림은 색감도 풍부해 보이게 만들어요.

□ Brush type

오일파스텔

01 먼저 배경을 줄게요. 팔레트에서 21번 연한 회색을 선택하고 색상 원을 드래그하여 캔버스 안에 색을 채워 주세요.

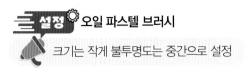

≋ **레이어** 체크

02 땅을 그릴게요. 맨 위에 새 레이어를 추가해 주세요. 팔레트에서 2번 아이보리색을 선택한 후 조금 진한 색으로 만들어 주세요. 🖌(브러시툴)에서 오일 파스텔 브러시를 선택하고, 땅을 둥근 형태로 그려 주세요.

≋ **레이어** 체크

03 맨 위에 새 레이어를 추가해 주세요. 팔레트에서 20번 하늘색을 선택한 후 조금 연한 색으로 만들어 주세요. 만든 색으로 지평선을 먼저 그린 후, 둥근 바다를 그려 주세요.

≋ **레이어** 체크

04 맨 위에 새 레이어를 추가해 주세요. 팔레트에서 16번 녹두색을 선택하여 왼쪽에 동산을 그려 주세요.

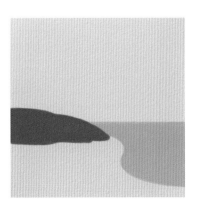

■ 레이어 체크

05 이번에는 하늘에 구름을 그릴게요. 맨 위에 새 레이어를 추가해 주세요. 팔레트에서 1번 하얀색을 선택하여 구름을 동글동글하게 그려 주세요.

> **그림 Tip** 구름을 그릴 때 한쪽이 잘려 있는 형태로 그리면 구름이 흘러가는 느낌이 들어서 하늘이 더 넓어 보여요.

■ 레이어 체크

06 맨 위에 새 레이어를 추가해 주세요. 팔레트에서 16번 녹두색을 선택하여 아래에 칠했던 동산보다 조금 연한 색으로 만들어 주세요. 만든 색으로 나무를 그리고, 30번 진한 갈색으로 세로선을 그어서 나무 기둥을 그려 주세요.

07 나무를 더 만들게요. 〈나무를 그렸던 레이어〉를 선택하여 왼쪽으로 스와이프하고 복제를 눌러 복제해 주세요.

08 〈복제된레이어〉를 선택하고 ↗(이동툴)을 눌러 오른쪽으로 이동시키고 크기도 작게 만들어 주세요.

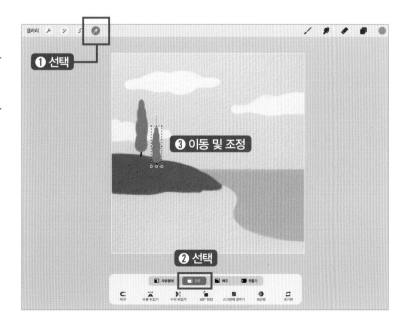

09 한 번 더 나무 레이어를 복제한 뒤 ↗(이동툴)로 나무를 왼쪽으로 이동시키세요.

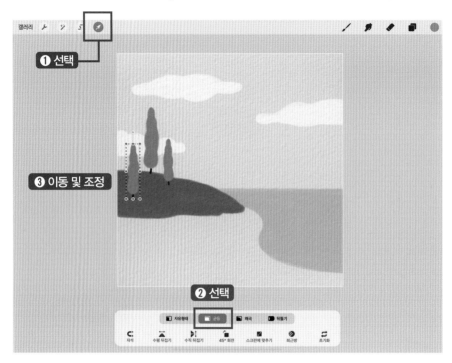

🌊 레이어 체크

10 산책하고 있는 사람을 그릴게요. 맨 위에 새 레이어를 추가해 주세요. 3번 살구색으로 얼굴을 그리고, 24번 검은색으로 머리카락을 짧게 그려 주세요. 9번 빨간색을 조금 어둡게 만들어 티셔츠를 그리고 23번 진한 회색으로 바지를 그려 주세요. 3번 살구색으로 손과 발목을, 24번 검은색으로 신발을 그려 주세요.

11 풍경에 음영을 주어 그림이 더욱 입체적으로 보일 수 있도록 할게요. 〈땅을 그렸던 레이어〉를 선택하여 알파 채널 잠금을 활성화해 주세요. 26번 연한 갈색을 선택하여 땅을 칠했던 색보다 진한 색으로 만들어 주세요. 만든 색으로 동산 아래에 그림자를 주듯 칠해 주세요.

12 땅의 음영을 칠했던 색을 더 어둡게 만들어서 동산 바로 아래에 작은 음영을 주고, 점을 찍어 모래를 표현해 주세요.

13 이번에는 동산에 음영을 줄게요. 〈동산 레이어〉를 선택하고 알파 채널 잠금을 활성화해 주세요. 16번 녹두색을 선택하여 조금 연한 색으로 만든 후 동산의 윗부분에 색을 살짝 칠해 주세요.

14 어두운 음영을 주어 동산의 입체감을 더욱 부각시킬게요. 16번 녹두색을 더 진한 색으로 만든 후 동산 왼쪽을 중심으로 어두운 음영을 칠해 주세요. 나무 그림자와 사람의 그림자도 함께 그려 주세요.

15 동산과 땅의 명암을 주었는데, 이제 나무에 음영을 줄게요. 〈나무 레이어들〉을 선택하고 두 손가락을 꼬집듯이 잡아당겨 나무 레이어들을 병합해 주세요. 병합된 나무 레이어의 알파 채널 잠금을 활성화해 주세요. 팔레트에서 16번 녹두색을 선택하여 나무를 칠했던 색보다 연한 색으로 만들고, 만든 색으로 나무의 오른쪽을 밝게 칠해 주세요.

16 바다 느낌이 나도록 하얀 물보라를 그릴게요. 바다 레이어 위에 새 레이어를 추가해 주세요. 팔레트에서 1번 하얀색을 선택하여 하얀 물보라를 그려 주세요.

✏️ **그림 Tip** 먼저 바다 모양처럼 동글동글하게 라인을 그린 후 애플펜슬의 방향을 왼쪽에서 오른쪽으로 터치하며 칠하면 자연스러워져요. 왼쪽에서 오른쪽으로 터치를 할 때, 애플펜슬의 기울기를 낮추면 더 예쁘게 칠해져요.

17 하얀 물보라에 점을 찍어 주세요. 물보라가 덮치는 모래사장 부분에는 그림자를 주어서 바다가 더욱 돋보이게 할게요. 〈모래사장 레이어〉를 선택하고, 26번 연한 갈색을 선택해 주세요. 더 진한 색으로 만든 후 물보라와 맞닿는 모래사장 부분에 음영을 주어 바다가 위에 올라와 있어 보이게 해 주세요.

18 사람에 밝은 음영을 살짝 줄게요. 〈사람 레이어〉를 선택하고 알파 채널 잠금을 활성화해 주세요. 티셔츠 색을 스포이드로 추출한 후 연한 색으로 만들어서 팔과 오른쪽에 살짝 밝은 음영을 주세요. 바지와 머리도 스포이드로 색을 추출한 후 연한 색으로 만들어서 바지 왼쪽에 살짝 밝은 음영을 그려 주세요.

19 〈회색 하늘 레이어〉를 선택한 후 팔레트에서 21번 연한 회색을 선택해 주세요. 하늘보다 조금 더 진한 색으로 만든 후 브러시 크기를 크게 하여 구름 주변에 어두운 음영을 살짝 넣어 주세요.

20 맨 위에 새 레이어를 추가해 주세요. 팔레트에서 5번
노란색을 선택한 후 초승달을 그려 주세요.

21 팔레트에서 1번 하얀색을 선택하고 브러시 크기를 작게
하여 나무에 짧은 세로선을 그려 주세요.

22 팔레트에서 17번 연한 초록색을 선택한 후 더 연한 색으로 만들어 주세요. 만든 색으로 동산에
잔디를 그려 주세요.

그림의 순서를 알면 응용하기 좋아요

어떤 것을 그리든
기획이 중요해요!

이론 미리보기

저는 다섯 가지 단계를 거쳐서 그림을 그려요! 그림을 그릴 때 단계가 있으면 어떤 오브제이든지 여러분만의 그림 스타일에 적용해서 그릴 수 있기 때문에 새로운 그림에 대한 도전이 편해진답니다. 그럼 제가 그려 나가는 다섯 가지 단계에 대해 알아볼까요?

① 그릴 소재 찾기

무엇을 그릴지는 항상 막막하죠. 소재를 찾는 것은 무척 힘든 과정이 될 수도 있어요. 소재에 대해 너무 깊게 생각하면 그림을 그리기도 전에 포기하게 되니 이럴 때는 사진을 선택하세요. 그림은 처음부터 창작하기가 힘들어요. 먼저 카피라는 과정을 통해 그림을 많이 그리다보면 '이렇게 그려야겠다.'라는 감이 생겨요.

카피를 할 때는 사진첩에서 사진을 선정하는 것을 추천해요. 처음에는 간단한 사진부터 점점 복잡한 사진까지 그려 보세요. 이렇게 사진을 그림으로 그려 가는 과정이 익숙해지면 사진 찍는 기술도 성장하니 일석이조의 방법이에요. 또한 사진을 똑같이 그려 보기도 하고 어떤 것은 삭제나 첨가를 하기도 하면서 점차 창작 그림을 그릴 수 있게 돼요.

② 기본 색감 칠하기

그릴 소재가 정해졌다면, 오브제 고유의 색을 칠해 주세요. 디지털 드로잉이기 때문에 스케치가 틀릴 걱정이 없어 저는 스케치를 따로 하지 않고 색을 칠하면서 그려 나가요. 그러면 그림을 완성하는 시간 이 많이 단축되고, 그림에 색이 바로 칠해지기 때문에 예쁘게 칠해지는 과정이 눈에 보여서 그림을 그리는 재미가 한층 더 즐거워진답니다. 사진이나 오브제를 들여다보며 최대한 비슷한 색이나 원래 색을 조금 변형해서 기본색을 칠해 주세요.

③ 명암으로 입체감 주기

기본 색감까지 칠했다면, 그림을 더욱 깊이감 있게 칠해 주세요. 명암과 입체감이 어렵게 느껴지겠지만, 명암과 입체감의 이론에 너무 맞추지 않고 밝은 톤과 어두운 톤, 그림자만 표현해도 그림을 더 예쁘게 완성할 수 있답니다. 기본 색감 위에 밝은 색과 어두운 색을 추가하여 칠해서 그림의 분위기를 깊이감 있게 표현해 주세요.

④ 작은 오브제 추가하기

명암까지 그렸다면, 작은 오브제를 추가해서 그림을 더욱 풍부하게 만들어 주세요. 풍경이라면 나뭇잎을 더하거나, 꽃을 더 풍성하게 그리거나, 잔디를 그려도 좋아요. 음식과 관련된 오브제라면 빨대를 더 그려도 좋고, 생크림 위에 설탕을 뿌리는 등, 그림에 이야기를 더 담아 주어 더욱 예쁜 그림이 될 수 있게 해 주세요.

⑤ 꾸미기 요소 더하기

그림의 완성도를 위한 꾸미기를 해 주세요. 반짝이 브러시와 네온사인 브러시 등 특별한 브러시들로 화사함을 주거나, 작은 이모티콘으로 사랑스럽게 표현할 수도 있답니다. 그림의 분위기에 따라 문구를 적어도 그림의 완성도는 더욱 올라가요.

좋아하는 소품
이론에 맞춰 그려 보기

카페에 가서 친구들과 함께 먹은 디저트 사진을 보고 그려 봐요. 어떤 오브제는 삭제하고
꾸미는 요소는 더해서 아기자기한 그림이 될 수 있게 단계에 맞추어 그려 볼게요.

──── □ Brush type ────

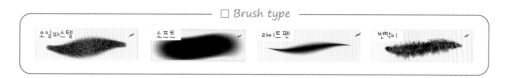

01 그림으로 그릴 사진을 한번 살펴봐요.
사진 속에 먼저 무엇이 있는지 보고
내가 그릴 오브제와 생략할 오브제
를 생각해요. 처음부터 전부 다 그릴
생각으로 시작하면 그림에 대한 부
담감이 생기고, 그림을 꾸밀 수 있는
창작품을 그릴 공간이 없어져요.

02 멀티태스킹을 하여 왼쪽에 사진이 보이도록 하면 그림을 그리기가 수월해요. 화면 하단의 하얀
네모 부분을 Dock이라고 불러요. 왼쪽에 갤러리 앱을 등록해 주세요. 프로크리에이트를 실행한
상태에서 화면 아래부터 위로 살짝 올리면 Dock이 나타나요. 그중 갤러리 앱을 눌러서 왼쪽으로
드래그한 후 손가락을 떼면 돼요.

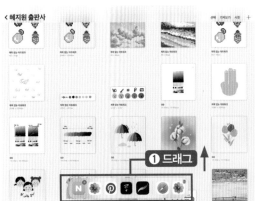

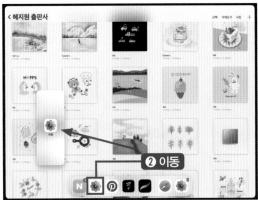

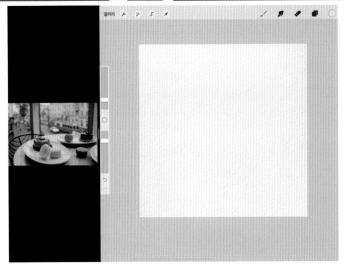

03 먼저 큰 오브제부터 그리는 것이 좋아요. 테이블부터 그려 볼 게요. (브러시툴)에서 오일 파스텔 브러시를 선택하고 팔레트에서 26번 연한 갈색을 선택하여 조금 더 연한 색으로 만들어 주세요. 만든 색으로 테이블을 동그랗게 그려 주세요.

🔧설정 오일 파스텔 브러시

📢 크기는 적당히 불투명도는 중간보다 위로 설정

≋ 레이어 체크

04 테이블 레이어 아래에 새 레이어를 추가해 주세요. 팔레트에서 30번 진한 갈색을 선택하여 조금 더 진한 색으로 만들어 주세요. 브러시 크기를 작게 하여 의자를 그려 주세요.

≋ 레이어 체크

05 맨 위에 새 레이어를 추가해 주세요. 팔레트에서 1번 하얀색을 선택하여 동그란 접시를 그려 주세요.

≋ 레이어 체크

06 맨 위에 새 레이어를 추가해 주세요. 팔레트에서 5번 노란색을 선택하여 마카롱을 그려 주세요. 이후 더 진한 노란색으로 만들어서 마카롱 안에 크림을 그려 주세요.

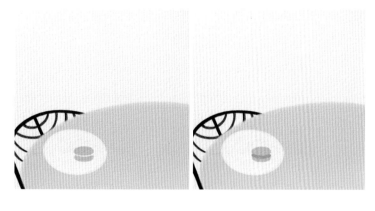

07 팔레트에서 3번 살구색을 선택하여 마카롱을 그리고 더 진한 색으로 만들어서 안에 생크림도 그려 주세요.

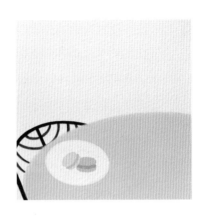

≋ 레이어 체크

08 마카롱 아래에 새 레이어를 추가해 주세요. 팔레트에서 9번 빨간색을 선택하여 작은 케이크를 그려 주세요.

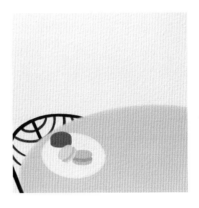

09 팔레트에서 30번 진한 갈색을 선택하여 케이크 위에 초콜 릿을 올리고, 19번 진한 초록색으로 케이크 아래를 그려 주세요.

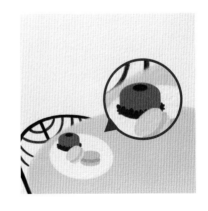

≋ 레이어 체크

10 방금 그린 케이크 아래에 새 레이어를 추가해 주세요. 1번 하얀색으로 접시를 2개 더 그리세요.

11 〈마카롱을 그렸던 레이어〉를 선택하고, 팔레트에서 7번 분홍색을 선택하여 테이블 위에 마카롱을 하나 더 그려 주세요.

≋ 레이어 체크

12 이번에는 초코 케이크를 그릴게요. 맨 위에 새 레이어를 추가해 주세요. 팔레트에서 30번 진한 갈색을 선택하여 조금 더 어둡게 색을 만든 후 둥근 케이크를 그려 주세요. 이후 팔레트에서 26번 연한 갈색을 선택하고 조금 진한 색으로 만든 후 케이크 아래에 색을 주세요.

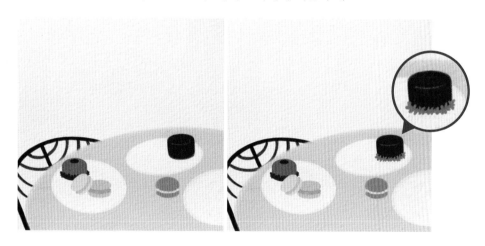

13 이렇게 기본 색을 칠했어요. 이제 그림의 깊이감을 위해 음영을 넣을게요. 〈왼쪽 접시 레이어〉를 선택하여 알파 채널 잠금을 활성화해 주세요. 팔레트에서 21번 연한 회색을 선택한 후 조금 밝게 색을 만들어서 사진을 보며 접시 아래에 비슷하게 음영을 그려 주세요.

💡 **메뉴 Tip**

음영을 줄 때 형태가 일그러지는 경우가 종종 있어요. 그래서 형태가 망가지지 않으면서 음영을 쉽게 줄 수 있도록 알파 채널 잠금을 활성화하면 좋아요.

14 접시 음영에 중간색을 주어서 자연스럽게 연결할게요. 팔레트에서 더 연한 회색으로 만든 후 진한 회색과 접시 경계에 색을 칠해 주세요.

15 다른 접시에는 이 중간색으로 색을 줄게요. 〈다른 접시 레이어〉를 선택한 후 알파 채널 잠금을 활성화해 주세요. 이후 접시의 음영을 그려 주세요.

16 케이크와 마카롱에도 음영을 주어서 그림을 더욱 깊이감 있게 만들게요. 〈빨간 케이크 레이어〉를 선택해 주세요. 스포이드로 빨간색을 추출한 후 조금 더 어두운 색으로 만들어 주세요. 만든 색으로 초콜릿 아래와 케이크 옆면에 음영을 주세요.

메뉴 Tip

➲ 음영을 줄 때 같은 색으로 주면 더욱 자연스러워져요. 그래서 스포이드로 기본색을 추출한 후 색을 밝게 만들거나 어둡게 만들어 사용하는 것이 좋아요.
➲ 브러시의 불투명도를 중간보다 살짝 아래로 설정하여 음영을 주면 더욱 자연스러워져요.

17 이번에는 〈마카롱 레이어〉를 선택하여 알파 채널 잠금을 활성화해 주세요. 스포이드로 살구색 마카롱 색을 추출한 후 조금 어둡게 색을 만들어서 마카롱 오른쪽에 음영을 주세요.

18 스포이드로 노란색 마카롱 색을 추출한 후 조금 어둡게 색을 만들어서 마카롱 완쪽에 음영을 주세요.

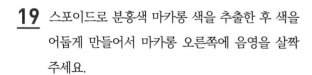 두 오브제가 있을 경우에는 음영을 그림자 위주로 칠하면 그림이 더 자연스러워져요. 그래서 노란색 마카롱은 살구색 마카롱과 겹쳐 있는 부분에 음영을 칠했어요.

19 스포이드로 분홍색 마카롱 색을 추출한 후 색을 어둡게 만들어서 마카롱 오른쪽에 음영을 살짝 주세요.

20 이번에는 초코 케이크에 음영을 줄게요. 〈초코 케이크 레이어〉를 선택하여 알파 채널 잠금을 활성화하고, 스포이드로 색을 추출한 후 이번에는 연한 색으로 만들어 주세요. 만든 색으로 왼쪽에 음영을 살짝 주세요.

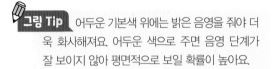 **그림 Tip** 어두운 기본색 위에는 밝은 음영을 줘야 더욱 화사해져요. 어두운 색으로 주면 음영 단계가 잘 보이지 않아 평면적으로 보일 확률이 높아요.

21 이번에는 테이블에 음영을 주어서 그림을 더욱 안정감 있게 만들게요. 〈테이블 레이어〉를 선택하여 알파 채널 잠금을 활성화해 주세요. 스포이드로 테이블 색을 추출한 후 조금 진한 색으로 만들어 주세요. 만든 색으로 접시 아래의 그림자 부분과 오른쪽 위주로 색을 칠해 주세요.

22 더 진한 음영을 통해 그림을 더욱 깊이감 있게 만들게요. 팔레트에서 더 진한 색으로 만든 후 접시 아래에 얇은 그림자를 넣어 주세요.

23 배경에도 음영을 살짝 주면 그림의 분위기가 더욱 부드러워져요. 〈배경 레이어〉를 선택하고, 팔레트에서 21번 연한 회색을 선택하여 배경 오른쪽 위주로 칠해 주세요.

24 ✒(스머지툴)에서 오일 파스텔 브러시를 선택하여 색을 부드럽게 이어 주세요. 스머지 오일 파스텔 브러시의 불투명도는 중간보다 조금 아래로 설정해서 문질러야 자연스러워져요.

≋ 레이어 체크

25 이제는 네 번째 단계인 작은 오브제를 추가해 그림을 더욱 풍성하게 만들게요. 초를 그릴게요. 맨 위에 새 레이어를 추가해 주세요. 5번 노란색, 18번 초록색, 7번 분홍색으로 세로선을 그려 주세요.

✏ 그림 Tip 쿠키나 생크림을 올려도 되니 여러분도 어떤 것을 추가할지 한번 생각해 보세요.

26 초 레이어의 알파 채널 잠금을 활성화해 주세요. 팔레트에서 1번 하얀색을 선택하여 줄무늬를 그려 주세요.

≋ 레이어 체크

27 맨 위에 새 레이어를 추가해 주세요. 이번에는 빨간 케이크 위에 색색별 설탕을 그릴게요. 팔레트에서 5번 노란색, 20번 하늘색을 선택하여 기다랗고 자그마한 설탕을 그려 주세요.

28 마카롱에는 하얀 동그라미를 그려서 하이라이트를 줄게요. 팔레트에서 1번 하얀색을 선택하여 각각의 마카롱 위에 작은 동그라미를 그려 주세요. 그리고 초코 케이크 위에 설탕처럼 점을 찍어 주세요.

29 마지막 단계인 꾸미기 요소들을 더해서 그림을 더욱 풍부하고 예쁘게 만들게요. 먼저 촛불을 그릴게요. 맨 위에 새 레이어를 추가해 주세요. 브러시에서 소프트 브러시를 선택하고 팔레트에서 5번 노란색을 선택하여 촛불을 그려 주세요.

설정 🔅 **소프트 브러시**

크기는 적당히 불투명도는 중간보다 위로 설정

30 반짝이는 촛불이 될 수 있도록 꾸밀게요. ✏️ (브러시툴)에서 라이트 펜 브러시를 선택해 주세요. 팔레트에서 27번 주황색을 선택한 후 촛불 안에 작은 동그라미를 그려 주세요.

설정 🔅 **라이트 펜 브러시**

크기는 작게 불투명도는 중간보다 위로 설정

31 팔레트에서 7번 분홍색을 선택하여 촛불 위에 반짝임을 표현하고 그림 옆에 문구를 적어 주세요. 저는 'MY DAY'라고 적었어요.

🖊️ 그림 Tip 문구를 적을 때 소문자보다는 대문자가 크기가 일정하여 더 예뻐 보여요. 그래서 저는 대문자로 적어요.

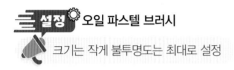

32 파티 분위기가 나도록 꾸밀게요. 맨 위에 새 레이어를 추가해 주세요. 다시 오일 파스텔 브러시를 선택하고 알록달록 도형을 그려서 꾸며 주세요. 5번 노란색, 20번 하늘색, 14번 연한 민트색, 6번 연한 분홍색을 사용했어요.

설정 **오일 파스텔 브러시**
크기는 작게 불투명도는 최대로 설정

레이어 체크

33 마지막으로 더 반짝이는 느낌을 줄게요. 촛불 레이어 위에 새 레이어를 추가해 주세요. 브러시에서 반짝이 브러시를 선택하고 팔레트에서 1번 하얀색을 선택하여 도형 조각 아래에 색을 입혀 주세요. 그리고 도형을 그린 레이어, 문구 레이어와 병합해 주세요.

설정 **반짝이 브러시**
크기는 적당히 불투명도는 중간보다 위로 설정

풍경 사진을
느낌 있는 그림으로 그려 보기

풍경 사진을 조금 더 간단하게 그리며 감각 있는 그림으로 바꾸어 봐요.
여행에서 만나는 풍경, 이제 그림으로 기록해요.

─── ☐ Brush type ───

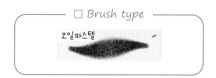

01 그림으로 그릴 풍경 사진을 살펴봐
요. 그림으로 그릴 풍경 사진을 그
릴 때 큰 오브제가 있으면 그림을
그리기가 수월해져요. 풍경만 있는
그림은 색감을 무척 예쁘게 칠하거
나 그림을 더 기교 있게 그려야 예
쁘고, 어디를 더 그려야 하는지 고
민만 커지거든요. 자동차가 있거나
건물이 있거나 큰 나무가 있는 사
진 등, 그릴 것이 있는 사진을 선정
하는 것이 초보자에게는 중요해요.

02 먼저 멀티태스킹을 하여 왼쪽에는 사진, 오른쪽에는 그릴 캔버스를 준비해 주세요. 🔧(동작툴)을
누르고 캔버스에서 그리기 가이드를 활성화해 주세요.

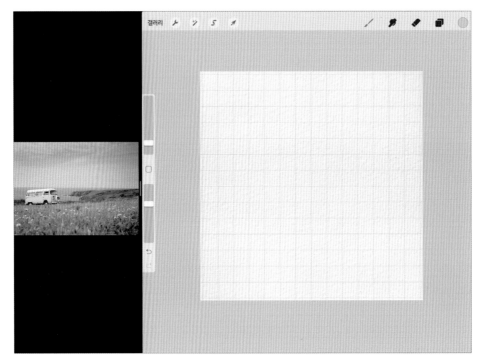

 메뉴 Tip

풍경 그림을 그릴 때는 그리기 가이드를 통해 땅과 하늘, 그리고 오브제의 위치를 사진과 유사하게 배치하면
좋아요.

03 이제 기본 색상을 칠하면서 스케치를 그릴게요. ✏️(브러시툴)에서 오일 파스텔 브러시를 선택하고 팔레트에서 16번 녹두색을 선택하여 연한 색으로 만들어 주세요. 만든 색으로 비스듬하게 선을 그어 풀밭의 경계를 정해 주세요.

설정 ⚙️ **오일 파스텔 브러시**

크기는 작게 불투명도는 중간보다 위로 설정

04 브러시 크기를 살짝 크게 하여 안을 칠해 주세요.

그림 Tip 스케치를 할 때 선으로만 그리면 스케치가 틀릴 확률이 커져요. 이렇게 색을 칠하면서 면적으로 형태를 한 번 더 잡아 주어야 예쁜 스케치를 하며 형태를 그릴 수 있어요. 색을 칠하면서도 형태를 꾸준히 확인하세요.

🔖 **레이어 체크**

05 가장 아래에 새 레이어를 추가해 주세요. 이제 바다에 기본색을 줄게요. 팔레트에서 20번 하늘색을 선택한 후 연한 색으로 만들어 주세요. 만든 색으로 브러시 크기를 작게 하여 경계를 그려 주세요. 경계를 그린 후 바다를 칠해 주세요.

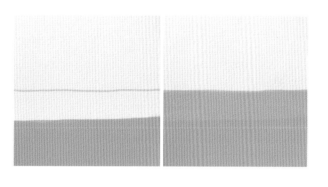

06 뒤에 있는 땅을 더 진한 색으로 그릴게요. 〈풀밭을 칠했던 레이어〉를 선택해 주세요. 스포이드로 풀밭 색을 추출한 후 어두운 색으로 만들어 주세요. 만든 색으로 선을 먼저 그린 후 형태를 보면서 안을 칠해 주세요.

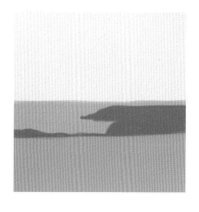

07 이 그림의 포인트인 버스를 그릴게요. 버스는 실제 사진에서는 작기 때문에 디테일하게 그리기보다는 색감으로 구분되게만 그리면 좋아요. 맨 위에 새 레이어를 추가해 주세요. 팔레트에서 1번 하얀색을 선택하여 버스의 외형을 그려 주세요.

08 팔레트에서 14번 연한 민트색을 선택하여 버스 아랫부분을 그리고 칠해 주세요.

09 팔레트에서 24번 검은색을 선택하여 바퀴, 창문의 테두리와 와이퍼를 그려 주세요.

10 팔레트에서 22번 회색을 선택하여 버스에 라인을 그려 주세요.

11 이제는 음영을 넣어서 그림을 더욱 풍부하게 만들게요. 스포이드로 버스의 민트색을 추출한 후 조금 어둡게 색을 만들어 버스의 군데군데에 색을 칠해 주세요.

12 이번에는 팔레트에서 21번 연한 회색을 선택한 후 조금 연한 색으로 만들어서 버스의 하얀 부분에 음영을 칠해 주세요.

13 이번에는 풀밭에 음영을 줄게요. 〈풀밭 레이어〉를 선택해 주세요. 풀밭을 칠했던 색을 스포이드로 추출하고 색을 더 어둡게 만들어 주세요. 만든 색으로 버스 아랫부분과 풀밭의 오른쪽 및 아래에 음영을 주세요.

14 뒤에 보이는 땅에도 음영을 줄게요. 스포이드로 뒤 풀밭의 색을 추출한 후 색을 어둡게 만들어 주세요. 만든 색으로 땅과 풀밭이 마주한 경계 부분과 버스 뒤 등에 음영을 주세요.

15 팔레트에서 21번 연한 회색을 선택하여 멀리 보이는 땅이 바위처럼 보이게 칠해 주세요.

16 더 진한 회색으로 만들어서 바위가 울퉁불퉁하게 보이도록 음영을 주세요.

17 스포이드로 풀밭 색을 추출한 후 바위 옆의 풀에 밝은 음영을 주어 생동감을 주세요.

≋ 레이어 체크

18 음영을 추가했으면, 작은 오브제를 추가하여 그림을 더욱 풍성하게 만들게요. 버스 아래의 풀밭 색을 추출한 후 어두운 색으로 만들어 주세요. 만든 색으로 풀처럼 보이도록 세로선을 넣으세요.

🔆 **메뉴 Tip**

　브러시 불투명도를 중간보다 아래로 설정해서 그려 주세요.

19 풀밭이 더욱 화사한 느낌이 나도록 작은 나뭇잎을 추가해서 그릴게요. 스포이드로 풀밭 색을 추출한 후 색을 아주 연한 색으로 만드세요. 자동차가 있는 윗부분의 풀밭에 색을 주고, 브러시 크기를 작게 하여 오른편에 작은 나뭇잎들을 그려 주세요.

20 조금 진한 색으로 만든 후 풀밭에 가느다란 세로선을 그려 주세요.

21 아래로 내려올수록 더 진한 색으로 만들어서 풀을 세로
선으로 그려 주세요.

(≋ **레이어** 체크)

22 꾸미기 요소를 그려서 그림을 화사한 풍경으로 바꿀게요.
맨 위에 새 레이어를 추가해 주세요. 팔레트에서 6번 연한
분홍색을 선택하여 꽃을 그려 주세요.

그림 Tip 높이와 방향을 조금씩 다르게 해서 그리면 그림이
더욱 자연스러워져요.

23 팔레트에서 9번 빨간색을 선택하여 조금 진하게
색을 만든 후 크기가 다양한 꽃을 그려 주세요.

24 팔레트에서 5번 노란색을 선택하여 왼쪽에 꽃을
그려 주세요.

25 팔레트에서 1번 하얀색을 선택하세요. 비어 있는
공간에 크기를 다르게 하여 꽃을 많이 그려 주세요.
작은 꽃은 동그라미로 표현해 주세요.

26 앞부분을 더욱 선명하게 만들게요. 〈세로선으로 풀을 그렸던 레이어〉를 선택해 주세요. 팔레트에서 19번 진한 초록색을 선택한 후 조금 더 진한 색으로 만들어 주세요. 만든 색으로 꽃과 연결되는 줄기를 곡선으로 그려 주세요.

≋ **레이어** 체크

27 마지막으로 푸르른 하늘과 구름을 그릴게요. 맨 위에 새 레이어를 추가해 주세요. 20번 하늘색을 선택한 후 조금 연한 색으로 만들어 주세요. 만든 색으로 하늘을 칠해 주세요.

28 팔레트에서 1번 하얀 색을 선택하고, 사진을 보며 구름의 방향과 형태로 쓱쓱 칠하고 그림을 완성해 주세요.

29 완성된 그림에서 명암을 조금 더 풍부하게 하면 이렇게 완성할 수 있어요. 조금 더 도전하고 싶으신 분들은 그림을 비교하며 따라 그려 보세요.

PART

4

그림 스타일을
더욱 넓혀 봐요

Chapter 1

빛으로 그림
스타일 UP

네온사인 간판 그리기

네온사인의 불빛은 그림을 더욱 화려하게 만드는 꾸미기 요소예요.
네온사인으로 문구도 적어 보고, 그림에 빛을 추가하여 그림 스타일을 더욱 UP시켜 봐요.

01 ✏️ (브러시툴)에서 드라이 잉크 브러시를 선택해
주세요. 캐릭터를 그리기에 감각적인 브러시예요.
팔레트에서 24번 검은색을 선택하여 이불 속에
있는 여자를 그려 주세요.

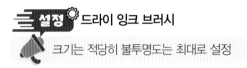

설정 ⚙️ 드라이 잉크 브러시

크기는 적당히 불투명도는 최대로 설정

02 바닥과 TV 등 꾸미는 요소를 아기자기하게 그려
주세요.

⚡ 메뉴 Tip

드라이 잉크 브러시는 마카와 사인펜으로 그린 느
낌이 나기 때문에 깔끔하면서도 아날로그 느낌이
함께 나요. 그래서 라인이 있는 그림을 그릴 때 좋
은 브러시예요.

03 네온사인의 거치대와 전선을 그려 주세요.

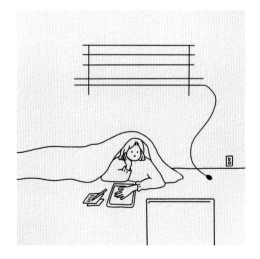

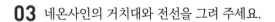

✏️ 그림 Tip 컬러드롭을 할 것인데, 컬러드롭은 스케치
선이 끊어져 있으면 다른 영역까지 색이 채워져요.
그러니 화면을 확대하여 스케치 선이 끊어져 있는
부분이 있는지 잘 확인해 주세요.

04 색은 컬러드롭으로 칠할 거예요. 팔레트에서 23번 진한 회색을 선택하고 색상 원을 드래그하여 배경에 색을 채워 주세요.

메뉴 Tip

레이어 추가 없이 스케치 레이어에 컬러드롭을 해야 해요.

05 팔레트에서 30번 진한 갈색을 선택하고 색을 밝게 만들어 주세요. 만든 색을 바닥에 드래그하여 안에 색을 채워 주세요. 벽에 있는 콘센트에도 색을 채워 주세요.

메뉴 Tip

오브제가 작은 경우에는 색이 잘 채워지지 않을 때가 있어요. 그럴 경우에는 화면을 확대한 뒤 색을 드래그하여 칠하고, 그래도 안 칠해지는 부분은 브러시로 빈 곳에 직접 색을 칠해 주세요.

06 팔레트에서 24번 검은색을 선택하여 TV에 색을 드래그해 주세요.

07 이제 이불 속에 있는 소녀에게 색을 줄게요. 팔레트에서 6번 연한 분홍색을 선택하여 더 연한 색으로 만들어 주세요. 화면을 확대하고 만든 색으로 머리카락에 컬러드롭을 하여 색을 채워 주세요.

08 팔레트에서 20번 하늘색을 선택하여 색을 조금 밝게 만든 후 이불에 색을 채워 주세요.

09 조금 더 진한 하늘색으로 색을 만든 후 이불 안에 색을 채워 주세요.

10 팔레트에서 3번 살구색을 선택하여 얼굴과 손에 색을 채워 주세요.

✏️ **그림 Tip** 컬러드롭을 할 때 다른 영역까지 색이 채워졌다면 24번 검은색으로 스케치 선을 다시 연결한 후 컬러드롭을 하세요.

11 팔레트에서 14번 연한 민트색을 선택하여 색을 더 연하게 만든 후 소녀의 티셔츠에 색을 채워 주세요.

12 팔레트에서 24번 검은색을 선택하여 아이패드에 색을 채워 주세요.

13 팔레트에서 4번 연한 노란색을 선택하여 조금
연하게 색을 만든 후 액정에 색을 채워 주세요.

14 이렇게 기본 색상을 칠했어요. 음영을 살짝 주
어서 색에 깊이감을 줄게요. 스포이드로 바닥의
색을 추출한 후 더 진한 색으로 만들어 주세요.
드라이 잉크 브러시로 소녀의 그림자를 칠해
주세요.

15 스포이드로 소녀의 티셔츠 색을 추출한 후 색을
더 어둡게 만들고, 티셔츠에 음영을 그려 주세요.

16 이번에는 스포이드로 이불의 색을 추출한 후 색을
어둡게 만들고, 이불에 음영을 그려 주세요.

17 팔레트에서 4번 연한 노란색을 선택하세요.
브러시 크기를 작게 해서 이불에 반짝이는 별을
그려 주세요.

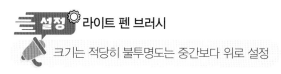

18 그림에 음영까지 주었다면 네온사인을 입혀서
그림을 더욱 화사하게 바꿀게요. ✏️(브러시툴)
에서 라이트 펜 브러시를 선택해 주세요. 맨 위
에 새 레이어를 추가해 주세요. 팔레트에서 4번
연한 노란색을 선택하고 TV 위와 아이패드 외
곽에 선을 그려서 빛이 비춰 보이게 하세요.

⚙️ **설정** 라이트 펜 브러시

크기는 적당히 불투명도는 중간보다 위로 설정

19 라이트 펜 브러시를 계속 이용해서 네온사인 거치대에 메인 네온사인 문구를 적을게요. 맨 위에 새 레이어를 추가해 주세요. 팔레트에서 7번 분홍색을 선택하고 달을 그린 후 'New Moon'이라고 적어 주세요.

20 이렇게 네온사인이 있는 그림이 완성되었어요. 그림이 네온사인으로 더욱 빛나 보이도록 전체적인 색감을 바꿀게요. 팔레트에서 7번 분홍색을 선택해 주세요. 〈소녀 그림 레이어〉를 선택하고 (조정툴)을 눌러 주세요. 조정 메뉴에서 맨 아래의 재채색을 눌러 주세요. 그럼 그림에 +모양이 뜨면서 전체적인 색이 분홍색으로 바뀌어요.

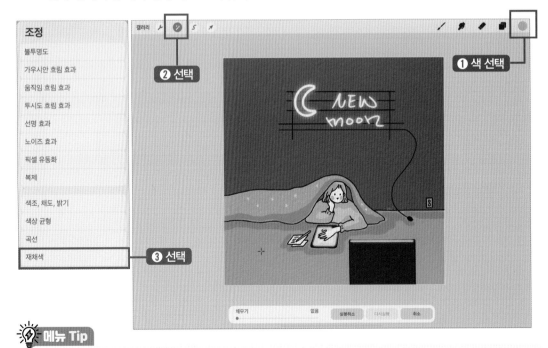

메뉴 Tip

만약 그림의 한 부분만 색을 바꾸고 싶을 경우에는 레이어를 분리하여 그리는 것이 좋아요. 그래야 다른 부분까지 색이 바뀌지 않는답니다.

21 재채색을 하기 전의 그림도 예쁘지만, 그림을 진행하면서 칠했던 색과 분위기를 바꾸고 싶을 때는 재채색을 사용하면 좋답니다.

프로크리에이트 업데이트로 인해 2020년 10월 기준으로 재채색 기능이 없어졌어요. 재채색을 쓰지 않아도 컬러드롭으로 색과 분위기를 바꿀 수 있답니다. 컬러드롭 시, 액정에서 떼지 않고 펜슬을 좌우로 움직이면 컬러드롭 한계값 설정이 상단에 보일 거예요. 한계값이 많아질수록 바뀌는 색의 영역이 많아지니 원하는 만큼 조정해 주면 된답니다.

반짝이는 크리스마스트리 그리기

크리스마스에 맞게 반짝임을 더해 주면 빛이 번지는 느낌만으로도 분위기 있는 그림을 그릴 수 있어요.
프로크리에이트로 줄 수 있는 효과도 함께 주면 더욱 감각적인 분위기로 그릴 수 있답니다.

□ Brush type

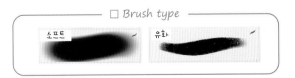

소프트   유화

01 ✎(브러시툴)에서 유화 브러시를 선택해 주세요. 팔레트에서 21번 연한 회색을 선택하고 가로선으로 땅을 쓱쓱 칠해 주세요.

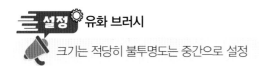
설정 유화 브러시

크기는 적당히 불투명도는 중간으로 설정

02 땅에 효과를 주어서 감각적인 분위기로 바꿀게요. ✐(조정툴)을 선택하고 노이즈 효과를 선택해 주세요. 애플펜슬을 좌우로 움직여 원하는 만큼 효과를 주세요.

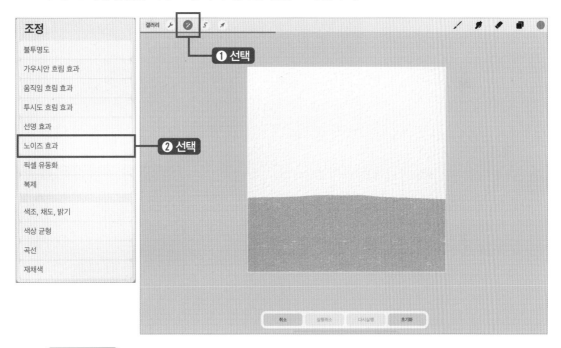

📚 **레이어 체크**

03 빛이 번져 가는 표현이 잘 보이도록 하늘은 어두운 색으로 컬러드롭할게요. 땅 레이어 아래에 새 레이어를 추가해 주세요. 팔레트에서 10번 파란색을 선택하고 진한 색으로 만들어 주세요. 색상 원을 드래그하여 안을 채워 주세요.

≋ 레이어 체크

04 크리스마스 트리를 그릴게요. 맨 위에 새 레이어를 추가해 주세요. 팔레트에서 30번 진한 갈색을 선택하여 나무 기둥을 세로선으로 그려 주세요.

≋ 레이어 체크

05 그 위에 새 레이어를 추가해 주세요. 18번 초록색을 선택하여 트리를 그려 주세요. 위로 올라갈수록 좁아지게 형태를 그려 주세요.

≋ 레이어 체크

06 맨 위에 새 레이어를 추가해 주세요. 팔레트에서 4번 연한 노란색을 선택하여 트리 위에 별을 그려 주세요.

07 꼬마전구도 동글동글하게 그려 주세요.

08 이제 별과 꼬마전구에서 빛이 번져 가는 느낌을 표현해 볼게요. (브러시툴)에서 소프트 브러시를 선택해 주세요. 별을 그렸던 레이어 아래에 새 레이어를 추가해 주세요. 팔레트에서 5번 노란색을 선택하고 별 주변에 칠해 주세요. 그럼 번져 가는 빛이 표현돼요.

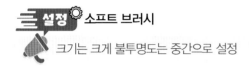 **설정 소프트 브러시**

크기는 크게 불투명도는 중간으로 설정

09 꼬마전구에도 퍼져 가는 빛을 그리면 크리스마스 트리가 더욱 화사해질 거예요.

그림 Tip 선명한 불빛은 밝은 색으로 그리고, 퍼져 가는 불빛은 조금 진한 색으로 칠해야 불빛이 더욱 화사해져요.

레이어 체크

10 맨 위에 새 레이어를 추가해 주세요. 크리스마스 트리 주변을 더욱 꾸밀게요. 다시 유화 브러시를 선택하고, 팔레트에서 4번 연한 노란색을 선택해 주세요. 하늘에 점과 별을 그려 주세요.

11 문구를 적어서 반짝이는 크리스마스트리를 완성할게요. 맨 위에 새 레이어를 추가해 주세요. 팔레트에서 24번 검은색을 선택하고 'Christmas'라고 적어 주세요.

레이어의 활용으로
노을 풍경 그리기

노을 속에 녹아 있는 달을 레이어의 활용으로 표현해 봐요.
그리고 강에 비치는 나무도 아주 간단한 방법으로 운치 있게 그리는 방법에 대해 알아볼게요.

□ Brush type

01 먼저 노을이 있는 바다를 위해 따뜻한 색감으로 기본색을 줄게요. 팔레트에서 3번 살구색을 선택하여 조금 어두운 색으로 만들어 주세요. ✏️(브러시툴)에서 유화 브러시를 선택하고 가로선으로 쓱쓱 그려 주세요.

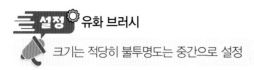 **유화 브러시**

크기는 적당히 불투명도는 중간으로 설정

02 팔레트에서 더 진한 색으로 만든 후 같은 레이어의 아래쪽에 가로선으로 그려 주세요.

03 ✏️(조정툴)에서 가우시안 흐림 효과를 선택해 주세요. 애플펜슬을 좌우로 움직여 원하는 그러데이션을 만들어 주세요.

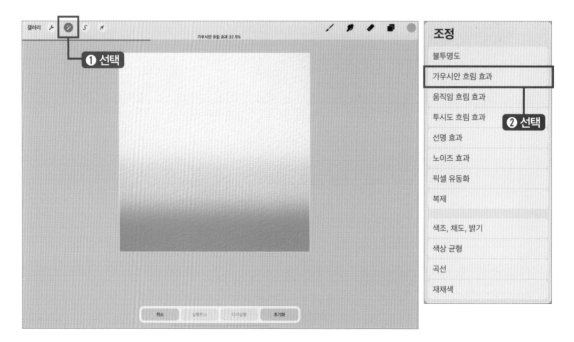

레이어 체크

04 이제 나무를 그릴게요. 맨 위에 새 레이어를 추가해 주세요.
팔레트에서 19번 진한 초록색을 선택하여 가로선을 그려
주세요.

그림 Tip   퀵쉐이프를 활용하면 반듯한 가로선이 그어져요.

 레이어 체크

05 맨 위에 새 레이어를 추가해 주세요. 지그재그로 왔다 가며
나무를 그려 주세요.

06 나무를 그렸던 레이어를 왼쪽으로 스와이프하고 복제를 눌러 복제해 주세요. 그후 ✈(이동툴)로
오른쪽으로 이동시키세요. 크기도 작게 조정해 주세요.

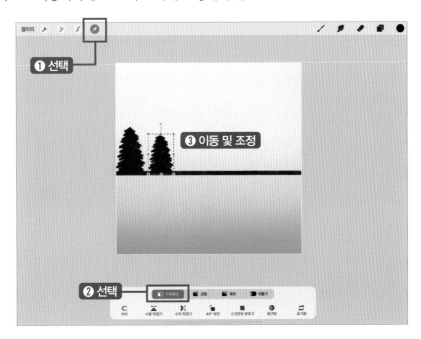

07 나무 레이어를 계속해서 복제하고 오른쪽으로 배치해 주세요.

그림 Tip 같은 오브제를 배치할 경우 간격을 일정하지 않게 주고, 오브제 크기도 다르게 하면 더욱 자연스러운 그림이 돼요.

08 〈복제된 나무 레이어들〉을 전부 선택하여 레이어 병합을 해 주세요. 그리고 알파 채널 잠금을 적용해 주세요.

09 팔레트에서 19번 진한 초록색을 선택한 후 조금 연한 색으로 만들어 주세요. 만든 색으로 나무에 터치를 하며 색을 입혀 주세요. 그래야 나무에 자연스러운 음영이 생겨서 그림의 깊이감이 더해져요.

10 이제 강가에 비치는 나무를 만들게요. 병합된 나무 레이어를 복제해 주세요. 〈복제된 나무 레이어〉를 선택하고 ↗(이동툴)을 눌러 주세요. 아래 옵션바에서 수직 뒤집기를 누르고 강가에 배치해 주세요.

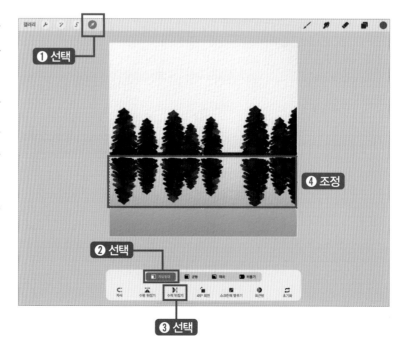

11 ✨(조정툴)에서 움직임 흐림 효과를 누른 뒤, 좌우로 움직여서 원하는 모양으로 만들어 주세요.

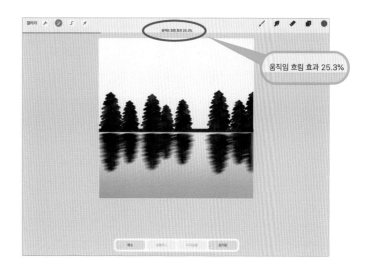

12 강가에 있는 나무가 흐리게 보이는 것이 자연스럽기 때문에 불투명도를 줄게요.
✨(조정툴)에서 불투명도를 눌러 주세요. 좌우로 움직여 원하는 값을 설정해 나무를 흐릿하게 만들어 주세요.

💡 **메뉴 Tip**

프로크리에이트 업데이트로 인해 2020년 10월 기준으로 조정툴의 불투명도 기능이 없어졌어요. 12번 과정은 강물에 비친 나무들 레이어에서 N을 누른 다음, 불투명도를 조절해서 할 수도 있답니다.

≋ 레이어 체크

13 지평선을 그렸던 레이어 아래에 새 레이어를 추가해 주세요. 3번 살구색을 조금 어둡게 만든 색으로 하늘 아래를 칠하고, 팔레트에서 23번 진한 회색을 선택하여 하늘 위를 칠해 주세요.

14 하늘의 두 색이 자연스럽게 섞이게 하기 위해 ✨ (조정툴)에서 가우시안 흐림 효과를 눌러 좌우로 움직여서 그러데이션을 만들어 주세요. 이후 맨 위에 새 레이어를 추가해 주세요. 팔레트에서 5번 노란색을 선택하여 달을 예쁘게 그려 주세요.

15 달이 더 빛나 보이도록 레이어 효과를 줄게요. 〈달 레이어〉를 선택하고 N을 눌러 주세요. 불투명도를 58로 주어 살짝 투명하게 만들어 주세요. 레이어 옵션에서 추가를 눌러 주세요.

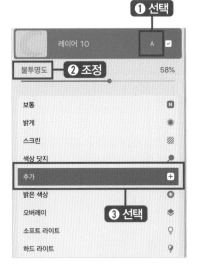

💡 **메뉴 Tip**

추가를 누르면 레이어 패널의 N이 A로 바뀌어요.

16 별이 떨어지는 느낌이 나도록 5번 노란색으로 얇은 사선을 그려 주세요.

≋ 레이어 체크

17 강가에 밝은 음영을 살짝 줄게요. 맨 위에 새 레이어를 추가해 주세요. 스포이드로 강가의 밝은 색을 추출한 후 가로선을 그어서 나무 아래와 오른쪽에 물결을 살짝 표현해 주세요.

18 팔레트에서 19번 진한 초록색을 선택하여 조금 어둡게 색을 만든 후 사람을 아주 작게 그려 주세요.

≋ 레이어 체크

19 맨 위에 새 레이어를 추가해 주세요. 사람을 그렸던 색으로 원하는 문구를 오른쪽 아래에 적어서 그림을 완성해 주세요.

반짝이는 브러시로 그려 보기

"shine"

반짝이 브러시는 2개의 브러시를 혼합해서 제작한 것으로, 입자가 있어 브러시 크기나 불투명도를
조절하여 사용하면 반짝임이 예쁜 그림을 그릴 수 있어요. 보라빛 반짝임을 함께 표현해 봐요.

─ □ Brush type ─

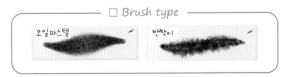

오일파스텔   반짝이

01 커다란 풀밭을 먼저 그릴게요. ✏(브러시툴)에서 오일 파스텔 브러시를 선택하고 팔레트에서 19번 진한 초록색을 선택하여 사선으로 풀밭을 칠해 주세요.

설정 ⚙ 오일 파스텔 브러시

크기는 중간 불투명도는 중간보다 위로 설정

그림 Tip 풀밭이기 때문에 경계 부분은 풀어지듯 칠해 주세요

02 레이어의 알파 채널 잠금을 활성화하고, 팔레트에서 조금 밝은 초록색으로 만든 후 군데군데 색을 칠해 주세요.

≋ 레이어 체크

03 그 위에 새 레이어를 추가해 주세요. 팔레트에서 11번 연한 보라색을 선택하여 꽃밭을 그려 주세요.

04 더 진한 보라색으로 만든 후 군데군데에 색을 입혀 주세요.

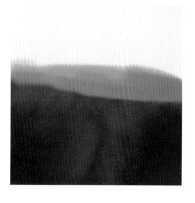

📚 레이어 체크

05 맨 위에 새 레이어를 추가해 주세요. 팔레트에서 2번
아이보리색을 선택한 후 조금 진한 색으로 만들어서
길을 그려 주세요.

✏️ **그림 Tip** 길을 그릴 때 위로 올라갈수록 조금 얇게 그려
야 멀어지는 느낌이 나요.

📚 레이어 체크

06 이제 줄기와 꽃을 그릴게요. 우선 줄기를 그릴게요.
맨 위에 새 레이어를 추가해 주세요. 팔레트에서
19번 진한 초록색을 선택한 후 조금 연한 색으로
만들어 주세요. 만든 색으로 곡선이 있게 줄기를
그려 주세요.

💡 **메뉴 Tip**

줄기를 그릴 때는 브러시의 불투명도를 중간보다 아
래로 내려야 자연스럽게 그려져요.

07 앞에 있는 줄기는 조금 더 길고 두껍게 그려서 앞에
있다는 느낌이 들게 해 주세요.

08 현재 색상을 더 진한 초록색으로 만든 후 줄기를 더 그려 주세요.

(≋ 레이어 체크)

09 이제 보라색 꽃을 그릴게요. 맨 위에 새 레이어를 추가해 주세요. 팔레트에서 11번 연한 보라색을 선택한 후 조금 진한 색으로 만들어 주세요. 만든 색으로 동그라미를 그려 주세요.

(≋ 레이어 체크)

10 하늘을 그릴게요. 맨 아래에 새 레이어를 추가해 주세요. 팔레트에서 각각 3번 살구색과 2번 아이보리색을 선택 하고 가로선을 그어 색을 연하게 칠해 주세요.

11 꽃에 반짝이 브러시로 반짝임을 주어 화사하게 만들게요. 맨 위에 새 레이어를 추가해 주세요.
브러시에서 반짝이 브러시를 선택하고 팔레트에서 11번 연한 보라색을 선택한 후 조금 밝게 색을
만들어 주세요. 꽃 위에 살짝 얹듯이 동그랗게 칠해 주세요.

⚙️ **설정** 반짝이 브러시

크기는 적당히 불투명도는 중간보다 위로 설정

12 이번에는 반짝이는 잎사귀를 주어 그림을 더욱 화사하게 만들게요. 팔레트에서 17번 연한 초록색
을 선택한 후 잎사귀를 원하는 곳에 자유롭게 그려 주세요. 이후 팔레트에서 1번 하얀색을 선택하
여 보라색 꽃동산에 잔디를 그려 주세요.

13 문구를 오른쪽에 적을게요. 맨 위에 새 레이어를 추가해 주세요. ✏(브러시툴)에서 오일 파스텔 브러시를 선택하고 12번 보라색으로 'Shine'이라고 적어 주세요.

설정 ⚙ 오일 파스텔 브러시

📢 크기는 작게 불투명도는 최대로 설정

Chapter 2

움직이는 그림 GIF

움직이는 원리 알아보기

움직이는 원리를 알아보고 양쪽으로 움직이는 하트를 그려 봐요.

01 갤러리에서 새로운 캔버스 중 사각형을 선택해 주세요.

①선택

새로운 캔버스		▬
스크린 크기	P3	2732 × 2048px
사각형	sRGB	2048 × 2048px
4K	sRGB	4096 × 1714px
A4	sRGB	210 × 297mm

②선택

설정 ⚙️ 라인 브러시

크기는 적당히 불투명도는 최대로 설정

02 ✏️(브러시툴)에서 라인 브러시를 선택하고 24번 검은색을
선택하여 하트를 그려 주세요.

03 팔레트에서 7번 분홍색을 선택하여 컬러드롭으로 안에
색을 채워 주세요.

04 팔레트에서 24번 검은색을 선택하여 눈, 코, 입을 그려
주세요.

05 🔧 (동작툴) 중 캔버스에서 애니메이션 어시스트를 활성화해 주세요. 그럼 아래에 옵션바가 생겨요.

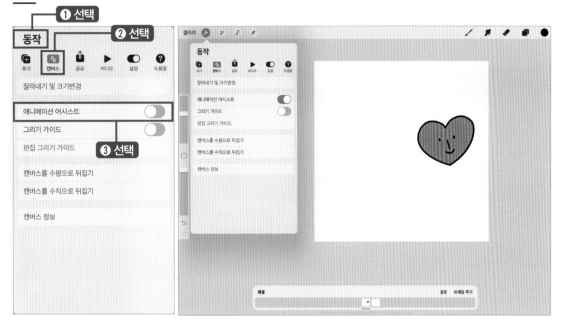

06 이 옵션바에서 생기는 프레임은 움직임이 이어지기 때문에 재미있는 애니메이션을 만들어 줘요. 하트 프레임이 하나 보일 텐데 프레임을 누르면 또 옵션 메뉴가 생겨요. 옵션 메뉴에서 복제를 눌러 주세요.

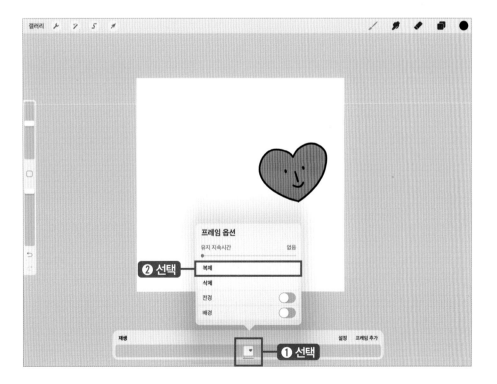

07 그럼 또 하나의 하트가 생겨요. ↗(이동툴)을 눌러 하트를 왼쪽으로 이동시키세요.

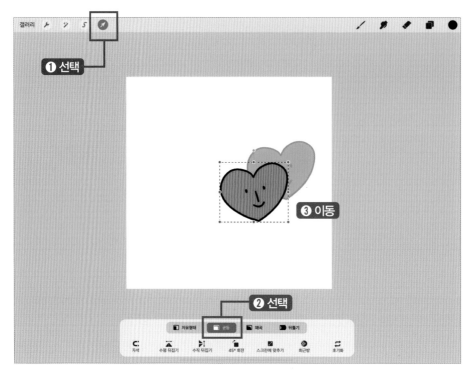

08 두 번째 프레임을 눌러 복제를 눌러 주세요.

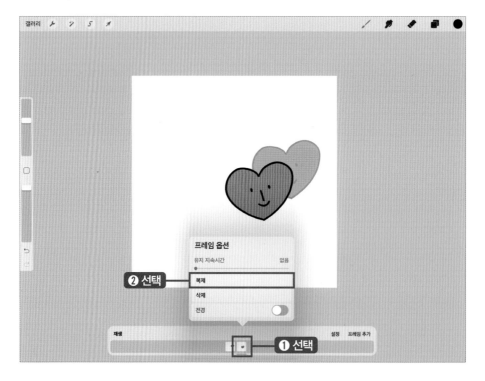

09 ✐(이동툴)로 왼쪽 아래로 살짝 이동시키세요.

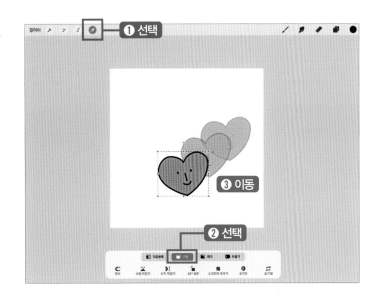

10 또 복제를 누르고, 복제된 하트를 이동시키세요.

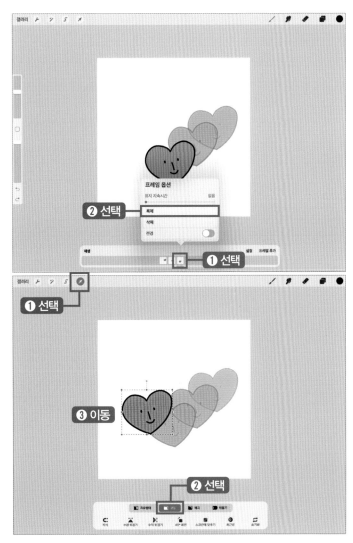

11 아래 설정을 누르면 여러 가지 메뉴들이 있어요. 초당 프레임의 숫자를 낮춰 주세요. 그리고 아래의 핑퐁을 눌러 주세요.

메뉴 Tip

초당 프레임이란 숫자가 낮아질수록 움직임이 느려지고, 숫자가 높아질수록 움직임이 빨라지는 것을 의미해요. 어니언 스킨 프레임은 전에 그렸던 그림이 몇 개까지 보이는지에 대한 설명이고, 양파 껍질 불투명도는 전에 그렸던 그림들의 투명도예요. 그리고 아래에 있는 원샷은 한 번의 움직임으로 끝나는 것이고, 루프는 반복 재생이며, 핑퐁은 처음에서 끝이 왔다 갔다 하는 움직임이에요.

12 재생을 누르면 하트가 움직일 거예요. 이렇게 움직이는 하트를 그려 보았어요.

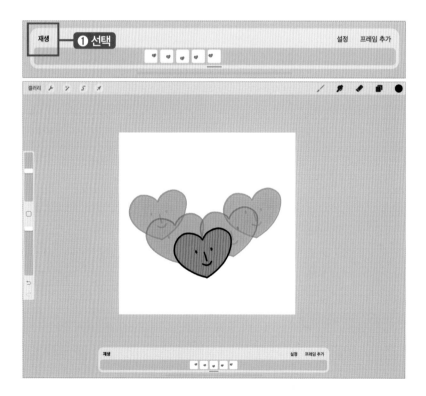

13 저장하는 방법은 🔧(동작툴)의 공유에서 움직이는 GIF를 누르는 것이에요. 이후 오른쪽 상단의
내보내기를 누르면 돼요.

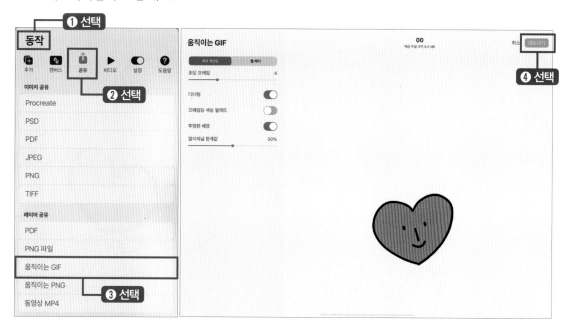

간단하게 움직이는 캐릭터

한 가지의 움직임이 아닌 여러 가지의 움직임을 줄 때는 레이어의 활용이 아주 중요해요.
레이어를 활용하여 각각의 움직임을 어떻게 주는지 알아봐요.

□ Brush type

01 갤러리에서 사각형 새 캔버스를 만들어 주세요. ✎(브러시툴)에서 드라이 잉크 브러시를 선택해 주세요. 팔레트에서 24번 검은색을 선택하여 토끼를 그리고, 13번 연한 주황색을 선택하여 볼터치도 그려 주세요.

설정 드라이 잉크 브러시

크기는 적당히 불투명도는 최대로 설정

(🍃 레이어 체크)

02 맨 위에 새 레이어를 추가하여 24번 검은색과 7번 분홍색으로 하트를 그려 주세요.

03 토끼 레이어와 하트 레이어를 그룹으로 만들어 주세요.

메뉴 Tip

각각 다른 움직임을 하나의 움직임으로 주려면 레이어를 그룹으로 만들어야 해요. 레이어 그룹은 애니메이션 어시스트에서 하나의 프레임으로 인지하기 때문에 두 개의 레이어라고 해도 함께 움직여져요.

04 🔧 (동작툴)의 캔버스에서 애니메이션 어시스트를 활성화해 주세요.

05 레이어 그룹 형태로 움직임을 주려면 애니메이션 어시스트
아래 옵션바에서 수정하기보다는 레이어에서 수정하는 것이
편해요. 새로운 그룹을 하나 더 복제해 주세요. 그리고 〈복제
된 새 레이어의 하트 레이어〉를 선택해 주세요.

06 ◆(지우개툴)에서 에어 브러시를 선택하여 하트를 지워 주세요.

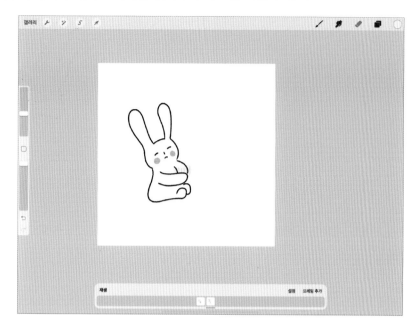

07 브러시로 하트를 기존 자리에서 조금 옆으로 이동하여 그려
주세요. 색상은 24번 검은색과 6번 연한 분홍색이에요.

08 복제된 두 번째 레이어 그룹과 똑같은 새로운 그룹을 하나 복제해 주
세요.

09 복제된 그룹에서 〈하트 레이어〉를 선택해 주세요. 지우개로
하트를 지우고, 자리를 옮겨 하트를 그려 주세요.

10 레이어 그룹 복제와 지우개로 하트 지우기, 그리고 자리를 옮겨서 하트 그리기를 마음에 들 때까지
반복해 주세요.

11 이렇게 토끼의 하트에 움직임이 생겼는데, 이제 토끼의 표정을 바꾸어 볼게요. 〈세 번째 그룹의 토끼 레이어〉를 선택해 주세요. 눈이 감겨 있다가 웃는 표정으로 바꿀 것이기 때문에 첫 번째, 두 번째의 눈을 감고 있는 토끼는 남기고 세 번째부터 표정을 바꿀게요.

✏️ **그림 Tip** 여러 개의 움직임을 줄 때는 한 가지씩 바꾸는 것이 좋아요.

12 토끼의 눈과 입을 지우고 표정을 다시 그려 주세요. 다 그리면 위에 있는 레이어들의 토끼도 차례대로 표정을 지우고 눈과 입을 그려 주세요. 다 그린 후 재생을 누르면 토끼의 표정이 변하고 하트가 날아가는 것처럼 보일 거예요.

배경 인트로 GIF 제작하기

사진을 배경으로 두고 글자만 움직이는 인트로를 제작해 봐요.
영상을 제작하는 프로그램과 함께 사용하면 나만의 멋진 인트로 응용할 수 있어요.

☐ Brush type

01 갤러리에서 사각형 새 캔버스를 만들어 주세요. 인트로 배경
으로 사용한 사진을 준비해 주세요.

02 🔧(동작툴)의 추가에서 사진 삽입하기를 눌러 주세요.
〈사진 레이어〉를 선택하고 N을 눌러 불투명도를 낮춰
주세요.

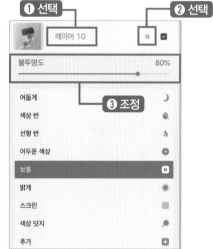

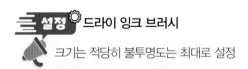

03 맨 위에 새 레이어를 추가하고 🖌(브러시툴)에서 드라이 잉
크 브러시를 선택해 주세요. 팔레트에서 1번 하얀색을 선택
하여 'Sweet cookies'라고 적어 주세요.

🔧 **설정** ⚙️ 드라이 잉크 브러시

📢 크기는 적당히 불투명도는 최대로 설정

04 레이어 중에서 배경 색상 레이어의 체크를 꺼 주세요.

05 🔧(동작툴)의 캔버스에서 애니
메이션 어시스트를 활성화해 주
세요.

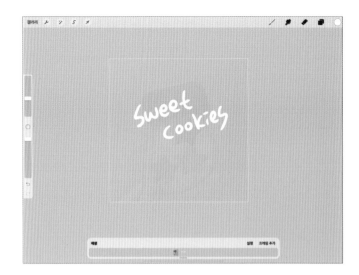

06 아래 옵션에서 사진 프레임을 눌
러 아래 배경을 활성화해 주세요.
그럼 배경은 고정이 되어서 모든
프레임에서 보여요.

07 글씨를 적은 프레임을 눌러 복제를 눌러 주세요. 그럼 레이어에도 하나가 더 추가되어 있을 거예요.

08 ◆(지우개툴)에서 에어 브러시를 선택하여 글자를 지우고, ✎ (브러시툴)에서 드라이 잉크 브러시를 선택하여 다시 그 위에 글씨를 적어 주세요.

그림 Tip 글자가 와글와글 움직이는 느낌이라 전에 있는 글자에서 최대한 조금만 벗어나게 써 주세요.

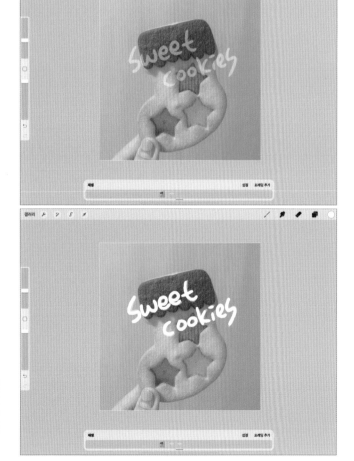

09 아래에서 프레임을 하나 더
복제하고, 지우개로 글자를
지우고 다시 작성해 주세요.
이 순서를 원하는 만큼 반복
해 주세요.

10 재생을 눌러 보면 글자가 움직이는 인트로가 완성돼요.

Chapter 3

그림 스타일의 한계는 어디까지?

사진 합성하여 이야기 꾸미기

사진첩에 있는 풍경 사진을 불러온 뒤 나를 사진 속에 그려 봐요. 배경을 굳이 그리지 않아도 감각 있는
그림이 완성돼요. 여행 장소마다 찍은 사진에 내 캐릭터를 그려서 여행 그림일기로 활용하면 좋답니다.

01 🔧(동작툴)의 추가에서 사진 삽입하기를 눌러 사진을 불러와 주세요.

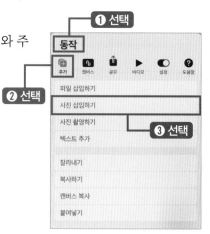

설정 🔆 드라이 잉크 브러시

크기는 적당히 불투명도는 최대로 설정

02 사진 레이어의 불투명도를 낮춰 주세요.

(🔳 레이어 체크)

03 맨 위에 새 레이어를 추가해 주세요. 팔레트에서 24번 검은색을 선택하고 드라이 잉크 브러시로 앉아 있는 사람을 그려 주세요.

04 의자와 주변의 풀도 그려 주세요.

≋ 레이어 체크

05 이제 색을 칠할게요. 스케치한 레이어 아래에 새 레이어를 추가해 주세요. 팔레트에서 3번 살구색을 선택하여 얼굴과 손을 칠하고, 22번 회색을 선택하여 머리카락을 칠해 주세요.

06 팔레트에서 6번 연한 분홍색을 선택하여 조금 진한 색으로 만든 후 티셔츠를 칠하고, 10번 파란색을 선택하여 진한 색으로 만든 후 바지를 칠해 주세요.

07 팔레트에서 26번 연한 갈색과 30번 진한 갈색을
선택하여 의자도 칠해 주세요.

08 팔레트에서 1번 하얀색을 선택하여 들고 있는 아이
패드를 칠해 주세요.

09 팔레트에서 24번 검은색을 선택하여 눈과 입을 그
리고 13번 연한 주황색으로 볼터치도 그려 주세요.

10 기본색을 전부 칠했으니 음영을 주어 그림을 더욱
분위기 있게 만들게요. 스포이드로 옷 색을 추출하
여 조금 연한 색으로 만들어 주세요. 만든 색으로
옷의 왼쪽에 음영을 주세요.

11 바지는 어두운 색이라 밝은 색을 만들어서 밝은 음영을 줄게요. 스포이드로 바지의 색을 추출한 후 연한 색으로 만들어 바지 왼쪽에 음영을 주세요.

12 머리카락에도 밝은 음영을 줄게요. 스포이드로 머리카락 색을 추출한 후 연한 색으로 만들어 주세요. 만든 색으로 머리카락의 왼쪽에 밝은 음영을 칠해 주세요. 음영을 주니 햇빛을 받으며 앉아 있는 모습으로 보일 거예요.

13 들고 있는 아이패드에도 어두운 음영을 줄게요. 아이패드가 하얀색이니 21번 연한 회색을 선택하여 조금 연한 색으로 만든 후 아이패드 오른쪽에 음영을 주세요.

(≋ 레이어 체크)

14 이제 사람 주변에 풀을 칠할게요. 사람을 칠했던 레이어 아래에 새 레이어를 추가해 주세요. 17번 연한 초록색을 선택하여 조금 진한 색으로 만들고 풀을 칠해 주세요.

15 17번 연한 초록색을 더 연한 색으로 만든 후
선으로 풀 모양을 그려 주세요.

16 〈사진 레이어〉를 선택하여 불투명도를 100%로 다시 올려
주세요.

⬢ 레이어 체크

17 그림을 조금 더 꾸미고 완성할게요. 맨 위에 새 레이어를 추가해 주세요. 24번 검은색을 선택하여
머리 위에 선을 긋고, 1번 하얀색을 선택하여 'Happy'라고 적어 주세요.

모노톤의 신비로운 분위기, 소묘

dal-kong

소묘는 그림의 가장 기본이라고 하죠. 소묘는 데생이라고도 하는데, 연필과 지우개로만 그려서 무채색으로 이루어진 모노톤의 분위기를 띤답니다. 색이 없기 때문에 브러시의 불투명도와 애플펜슬의 기울기가 아주 중요해요. 함께 매력적인 분위기의 풍경 소묘를 그려 봐요.

───── □ Brush type ─────

유화   HB 연필   털어주기

01 풍경 소묘는 묘사를 하기 전에 톤으로 분위기를 먼저
내는데, 실제 소묘는 연필 선을 겹치고 겹쳐서 중첩으
로 색을 만들어 내요. 디지털 드로잉으로 비슷한 느낌
을 내기 위해서 유화 브러시로 모노톤의 분위기를 줄
게요. 팔레트에서 21번 연한 회색을 선택하여 색을 칠
해 주세요.

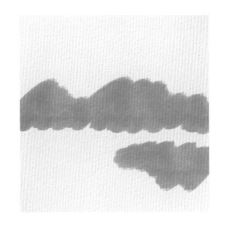

 유화 브러시

크기는 크게 불투명도는 최대로 설정

✏️ **그림 Tip** HB 연필 브러시는 제일 크게 해도 크기가 아주 작기 때문에 넓은 면적을 일일이 칠하기 힘들어요. 그
래서 유화 브러시처럼 큰 브러시로 배경을 칠하고 들어가는 것이 좋아요.

02 🖌️ (스머지툴)에서 유화 브러시를 선택하고 브러시
크기는 적당히, 불투명도는 중간보다 아래로 설정하여
부드럽게 문질러 주세요.

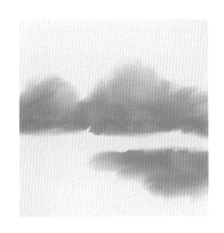

03 ✏️ (브러시툴)에서 HB 연필 브러시를 선택해 주세요.
팔레트에서 1번 하얀색을 선택하여 집 모양을 그려
주세요.

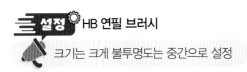 HB 연필 브러시

크기는 크게 불투명도는 중간으로 설정

✏️ **그림 Tip** 실제 소묘에서는 하얀색으로 칠할 수 없기 때문에 지우개로 지워서 집 모양을 그려요. 우리는 디지털
드로잉이기 때문에 지우개 대신 하얀색 브러시로 그려도 된답니다.

04 팔레트에서 22번 회색을 선택하여 지붕의 테두리를 그려 주세요.

05 애플펜슬을 눕히고 불투명도를 중간보다 아래로 설정하세요. 애플펜슬을 잡는 힘을 빼서 지붕을 연하게 칠해 주세요.

그림 Tip 실제 소묘처럼 한 가지 색으로 강약을 조절해야 소묘의 느낌이 나요. 진한 색, 흐린 색을 선택하여 칠하는 대신 진하게 칠하고 싶으면 선을 덧대어 칠하고, 연하게 칠하고 싶으면 브러시의 불투명도를 낮추어 칠하면 된답니다.

06 집에 창문을 그리고, 집의 음영은 불투명도를 중간보다 낮춘 뒤 연한 세로선과 가로선으로 표현해 주세요. 집 주변에도 세로선으로 음영을 주세요.

그림 Tip 칠할 때 선 모양이 보이면 더욱 소묘처럼 보일 거예요. 중요한 것은 너무 튀지 않도록, 불투명도를 낮춰야 한다는 것이에요.

07 왼쪽에 전봇대를 그릴게요. 집보다 연하게 그려 주세요.

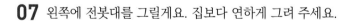

08 전봇대의 선을 그리는데, 꼭 흐릿하고 얇게 그려
주세요.

09 집의 오른쪽에 1번 하얀색으로 지붕을 하나 그리고,
다시 22번 회색을 선택하여 나무를 그려 주세요.

그림 Tip 나무 기둥은 진하게, 나뭇잎은 애플펜슬을
기울여서 짧은 선을 덧대어 흐릿하게 그리면 좋아요.

10 나뭇가지도 그려 주세요. 나무 기둥보다는 연하게
그려야 자연스러워요.

11 옆에 작은 나무도 그려 주세요. 작은 나무를 그린 후 나무 아래에 빗금을 살짝 그어서 그림자를 표현해 주세요.

12 두 번째 집에 창문도 그리고 지붕 위에 살짝 음영을 주세요. 그리고 큰 나무 왼쪽에도 작은 나무를 하나 더 그려 주세요.

13 하늘과 왼쪽 땅에 연한 선으로 음영을 주세요.

14 풀을 그리고 점도 찍어 주세요.

15 팔레트에서 1번 하얀색을 선택해 주세요. ✏(브러시툴)에서 털어주기 브러시를 선택하고 배경에
살짝 뿌려 그림을 완성해 주세요.

🔲 설정 ⚙ 털어주기 브러시

크기는 작게, 불투명도는 최대로 설정

나도 카페 사장님, 초크아트

초크아트는 하얀 도화지 위에 오일 파스텔로 그리기도 하지만,
칠판 페인트 위에 파스텔과 분필, 그리고 색연필을 활용하여 그리기도 해요.
감각적인 카페나 패스트푸드점에서 볼 수 있는 메뉴판, 함께 그려 봐요.

□ Brush type

01 초크아트는 MDF에 어두운 칠판 페인트를 칠한 후 오일 파스텔로 그리기 때문에 실제 초크아트처럼 배경을 어둡게 하여 그릴게요. 팔레트에서 23번 진한 회색을 선택하여 캔버스에 컬러드롭해 주세요.

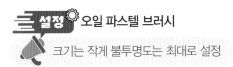
설정 오일 파스텔 브러시

크기는 작게 불투명도는 최대로 설정

(🍂 레이어 체크)

02 먼저 팬케이크를 그릴게요. 맨 위에 새 레이어를 추가해 주세요. ✏️(브러시툴)에서 오일 파스텔 브러시를 선택하고, 팔레트에서 1번 하얀색을 선택하여 접시를 그려 주세요.

03 팔레트에서 18번 초록색을 선택하고 브러시 크기를 작게 하여 접시에 라운드를 그려 주세요.

04 팔레트에서 26번 연한 갈색을 선택하여 동그란 팬케이크를 그려 주세요.

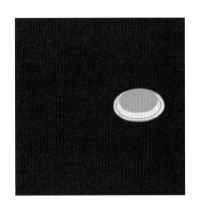

05 팔레트에서 29번 적갈색을 선택하여 초코 크림도 그려
주세요.

06 팔레트에서 2번 아이보리색을 선택하여 생크림도 그려
주세요. 9번 빨간색으로는 딸기를 그려 주세요.

07 팔레트에서 30번 진한 갈색을 선택하여 조금 어둡게 색을
만든 후 생크림 아래에 그림자를 그려 주세요.

08 팔레트에서 28번 갈색을 선택하고 점을 찍어 빵의 느낌을
표현해 주세요.

09 팔레트에서 1번 하얀색을 선택하여 딸기에 점을 찍어 주세요. 아래에는 영문으로 'PANCAKE'라고 적어 주세요.

(≋ 레이어 체크)

10 이번에는 딸기주스를 그릴게요. 맨 위에 새 레이어를 추가해 주세요. 팔레트에서 1번 하얀색을 선택하여 컵을 그려 주세요.

✏️ **그림 Tip** 퀵세이프를 활용하여 그리면 더욱 깔끔하겠죠?

(≋ 레이어 체크)

11 그 아래에 새 레이어를 추가하고 팔레트에서 7번 분홍색을 선택하여 딸기주스를 그려 주세요.

12 더 연한 분홍색으로 만들어서 딸기주스 윗부분에 밝은 음영을 칠해 주세요.

13 이번에는 조금 진한 분홍색으로 만들어서 주스 아래에 어두운 음영을 주세요.

14 〈딸기주스 컵을 그렸던 레이어〉를 선택하고, 팔레트에서 1번 하얀색을 선택하여 컵의 반짝임을 표현해 주세요.

15 팔레트에서 17번 연한 초록색을 선택하여 나뭇잎을 그려 주세요. 그린 후 조금 진한 색으로 만들어서 나뭇잎의 아랫부분에 어두운 음영을 넣으세요.

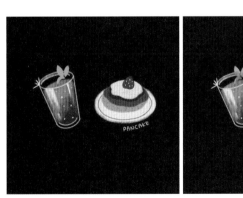

16 팔레트에서 1번 하얀색을 선택하여 'STRAWBERRY'라고 적어 주세요.

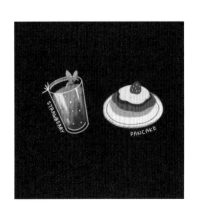

🔅 레이어 체크

17 맨 위에 새 레이어를 추가해 주세요. 이번에는 계란 프라이를 그릴게요. 팔레트에서 2번 아이보리색을 선택하여 흰자를, 5번 노란색을 선택하여 노른자를 그려 주세요. 노른자에 2번 아이보리색으로 점과 선을 그려서 밝은 음영을 주세요. 1번 하얀색으로 'FRIED EGGS'라고 적어 주세요.

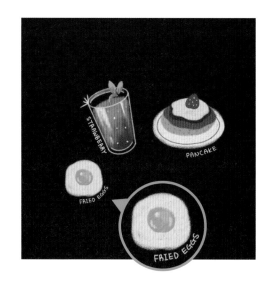

🔅 레이어 체크

18 작은 방울토마토도 그릴게요. 맨 위에 새 레이어를 추가해 주세요. 팔레트에서 27번 주황색을 선택하여 타원형 2개를 그리고, 조금 연한 색으로 만들어서 방울토마토 왼쪽에 작은 동그라미를 그려 생기 있게 만들어 주세요. 19번 진한 초록색으로 꼭지를 그려 주세요.

🔅 레이어 체크

19 팔레트에서 1번 하얀색을 선택하여 방울토마토 아래에 CHERRY TOMATO라고 적어 주세요. 맨 위에 새 레이어를 추가하고, 팔레트에서 7번 분홍색을 선택하여 작은 동그라미를 그려 주세요. 18번 초록색으로 잎사귀도 원하는 곳에 그려서 꾸며 주세요.

20 이제부터 카페 메뉴판답게 꾸밀게요. 맨 위에 새 레이어를 추가해 주세요. 1번 하얀색으로 리본 모양을 그려 주세요. 빗금과 바느질 패턴을 넣어서 꾸며 주세요.

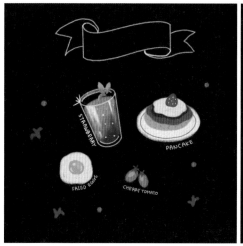
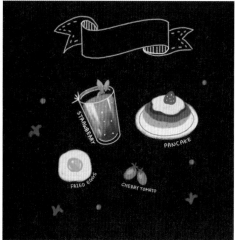

21 영문으로 'MENU'라고 두껍게 적고, 글자 옆에 얇은 선도 그려서 꾸며 주세요.

22 메뉴판에 가격표가 빠질 수 없겠죠. 음식 주변에 숫자를 적어서 가격을 표시해 주세요.

23 메뉴판에 테두리를 그려서 예쁜 카페 메뉴판을 완성해 주세요.

색감이 화려한 팝아트

팝아트는 격식이 없어 누구든지 자유롭게 그릴 수 있어요. 색감을 최대한 화려하게, 다양한 패턴 브러시를
사용하여 경쾌한 그림을 함께 그려 봐요. 팝아트로 그린 그림을 스티커로 제작하면 무척 예쁘답니다.

□ Brush type

01 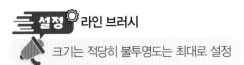(브러시툴)에서 라인 브러시를 선택해 주세요. 팔레트에서
24번 검은색을 선택하여 롤러스케이트를 그려 주세요.

02 바퀴도 그리고 주변에 점을 찍어 주세요.

🖊️ **그림 Tip** 팝아트는 패턴을 넣어 주면 더욱 경쾌하고 예쁜 그림
이 돼요.

≋ 레이어 체크

03 맨 위에 새 레이어를 추가
해서 폴라로이드 카메라도
그려 주세요. 그린 후 주변
에 점을 찍어서 패턴을 만
들어 주세요.

≋ 레이어 체크

04 맨 위에 새 레이어를 추가해 주세요. 수박도 그리고 주변에
점 패턴을 그려 주세요.

≋ 레이어 체크

05 맨 위에 새 레이어를 추가해서 아이스크림도 그리고
점 패턴을 그려 주세요.

06 팝아트에 빠질 수 없는 폰트도 적어 주세요. 🔧(동작툴)에서 텍스트 추가를 눌러 주세요. '#POP
ART'라고 적고 오른쪽의 완료를 눌러 주세요.

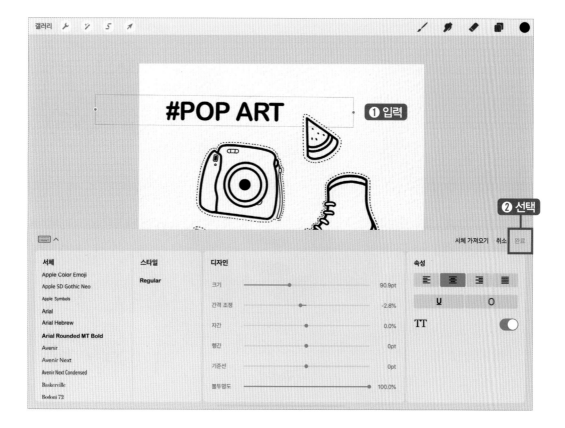

07 ➚(이동툴)로 회전을 시켜 주세요.

08 말주머니와 손글씨가 있으면 팝아트다운 개성이 더욱 생겨요.
맨 위에 새 레이어를 추가해 주세요. 말풍선을 그리고 'Let's
go'라고 적어 주세요.

09 배경에 팝아트다운 패턴을
그릴게요. ✏(브러시툴)에
서 텍스처로 들어가면 격자
브러시가 있어요. 격자 브
러시를 선택해 주세요. 팔
레트에서 22번 회색을 선
택하여 캔버스 위와 아래에
가로선을 그어 주세요.

🔆 **메뉴 Tip**

한 번에 가로선을 그어야
어긋나지 않아요.

10 이제 색을 컬러풀하게 칠할게요. 〈롤러스케이트 레이어〉를 선택해 주세요. 팔레트에서 6번 연한 분홍색을 선택하여 컬러드롭으로 색을 채워 주세요. 8번 진한 분홍색으로 나머지 부분도 채워 주세요.

11 팔레트에서 5번 노란색, 20번 하늘색을 선택하여 줄무늬를 채우고, 22번 회색을 선택하여 아래에 색을 채워 주세요. 12번 보라색으로는 바퀴의 색을 채워 주세요.

12 이번에는 〈수박 레이어〉를 선택하고 9번 빨간색, 18번 초록색으로 컬러드롭하여 색을 채워 주세요.

13 〈아이스크림 레이어〉를 선택하고 11번 연한 보라색, 8번 진한 분홍색, 15번 민트색, 5번 노란색으로 컬러드롭하여 색을 채워 주세요.

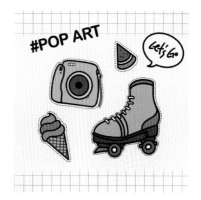

14 〈말주머니 레이어〉를 선택한 뒤 5번 노란색을 선택하여 채우고, 〈카메라 레이어〉를 선택한 뒤 21번 연한 회색과 23번 진한 회색, 2번 아이보리색, 27번 주황색으로 컬러드롭해 주세요.

15 마지막으로 글자에 색을 채울게요. 〈글자 레이어〉 섬네일을 선택하고 레스터화를 눌러서 이미지로 만들어 주세요.

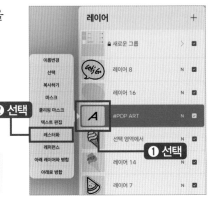

✏️ **그림 Tip** 텍스트로 작성한 문구를 꾸미려면 레스터화를 해 주어야 그림으로 인식되어 꾸미기에 편해요.

16 글자 레이어의 알파 채널 잠금을 활성화해 주세요. 9번 빨간색, 18번 초록색, 7번 분홍색, 20번 하늘색으로 사선을 그어 색을 칠해 주세요.

(📑 **레이어 체크**)

17 글자의 색이 더욱 돋보이도록 할게요. 글자 레이어 아래에 새 레이어를 추가해 주세요. 팔레트에서 24번 검은색을 선택하고 글자 모양을 따라서 테두리를 그려 주세요.

✏️ **그림 Tip** 글자의 색이 여러 색으로 이루어져 있기 때문에 검은색으로 테두리를 주면 정리되어 보이고 더 선명해져요.

≋ 레이어 체크

18 이제 꾸미기 요소를 더욱 줄게요. 맨 위에 새 레이어를 추가해 주세요. 팔레트에서 1번 하얀색을 선택하여 글자에 동그라미를 그려서 하이라이트를 주고, 카메라에도 하이라이트를 그려 주세요.

19 다른 오브제에도 하얀색으로 하이라이트를 그려 주세요.

그림 Tip 하이라이트를 주면 팝아트다운 톡톡 튀는 매력이 풍부해져요.

≋ 레이어 체크

20 오브제 주변에 팝아트 패턴을 그릴게요. 가장 아래에 새 레이어를 추가해 주세요. ✎(브러시툴)에서 팝아트 브러시를 선택해 주세요. 팔레트에서 5번 노란색을 선택하여 롤러스케이트 한쪽과 글자 주변에 패턴을 그려 주세요. 이후 6번 연한 분홍색으로 말주머니와 아이스크림에 패턴을 그려 주세요.

🖌 설정 ⚙ 팝아트 브러시

 크기는 적당히 불투명도는 최대로 설정

(≋ **레이어 체크**)

21 맨 위에 새 레이어를 추가해 주세요. 라인 브러시를 선
택하고, 팔레트에서 24번 검은색을 선택하여 도형들
을 그려 주세요. 스케치한 후 원하는 색으로 컬러드롭
하여 안에 색을 채워 주세요.

(≋ **레이어 체크**)

22 가장 아래에 새 레이어를 추가해 주세요. 팔레트에서 2번 아이보리색을 선택하여 라인 브러시로
사선을 긋고 컬러드롭으로 왼쪽 위에 색을 채워 주세요. 이번에는 6번 연한 분홍색을 선택하여 조
금 더 연한 색으로 만드세요. 오른쪽 아래에 사선을 긋고 컬러드롭하여 색을 채워 주세요.

빛이 있는 라인 드로잉

창밖에서 비치는 빛과 그림자는 그림을 더욱 감각 있게 보이도록 해 줘요.
창밖의 빛과 바닥에 비치는 빛, 그리고 실내등은 다른 느낌이기 때문에 차이점을 알고 함께 그려 봐요.

01 사진첩이나 무료 이미지 다운로드 사이트에서 빛이 있는 사진을 다운받아 주세요. 창밖에서 들어오는 빛과 그림자는 그림을 더욱 예쁘게 만들어 주는 그림 소스랍니다. 사진에서는 창밖의 빛, 바닥과 벽에 비치는 빛, 실내등이 비슷한 색으로 보이겠지만 그림에서는 색감의 차이를 주어서 더 감각적으로 그릴게요.

02 🔧(동작툴)에서 사진 삽입하기를 눌러 사진을 불러오세요. 원하는 만큼 크기와 위치를 조정해 주세요.

03 빛이 있는 라인 드로잉은 트레이싱 방법으로 스케치를 할 것이라, 사진 레이어에서 N을 눌러 불투명도를 낮춰 주세요.

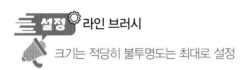
04 사진 레이어 위에 새 레이어를 추가해 주세요. ✎(브러시 툴)에서 라인 브러시를 선택해 주세요. 팔레트에서 24번 검은색을 선택하여 창문을 그려 주세요.

설정 🔧 라인 브러시

크기는 적당히 불투명도는 최대로 설정

05 자세히 그리기보다는 창문 위주로 스케치를 하세요. 창문 위의 잘린 부분은 연장해서 둥글게 그려 주세요.

06 아래 바닥은 빛이 투과된 것이기 때문에 연한 색으로 스케치할 거예요. 팔레트에서 21번 연한 회색을 선택하여 스케치하고, 벽은 더 연한 색으로 만들어서 스케치해 주세요.

07 이렇게 스케치를 했어요. 사진 레이어를 꺼서 스케치 레이어만 보이도록 해 주세요. 스케치 레이어를 선택하여 색을 줄게요.

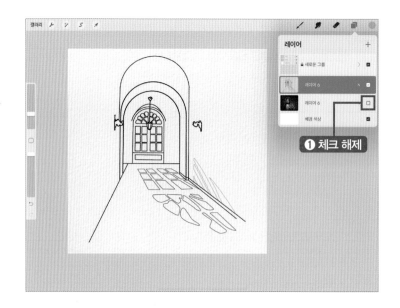

> **그림 Tip** 컬러드롭으로 색을 줄 것이라 화면을 확대하여 선이 끊어져 있는 부분은 없는지 확인해 주세요. 선이 끊어져 있으면 내가 원하는 부분에만 색이 채워지지가 않아요.

08 색은 컬러드롭으로 채울 것인데 빛이 있는 그림을 그릴 때는 배경부터 채색하는 것이 좋아요. 〈스케치 레이어〉를 선택해 주세요. 팔레트에서 22번 회색을 선택하여 배경에 컬러드롭으로 색을 채워 주세요.

> **그림 Tip** 빛이 있는 그림은 모노톤으로 전체적인 색감을 주면 빛이 더욱 부각돼요.

09 창문이 있는 벽에도 색을 채워 주세요.

10 팔레트에서 24번 검은색을 선택하여 벽에 있는 등 거치대 와 천장 거치대도 컬러드롭해 주세요.

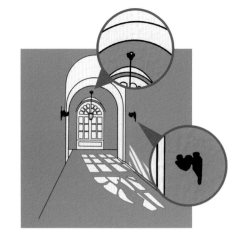

✏️ **그림 Tip** 면적이 작은 곳은 컬러드롭으로 색이 전부 칠해지지 않는 경우가 종종 있어요. 그럴 때는 직접 칠해 주면 된답니다.

11 팔레트에서 23번 진한 회색을 선택하고 위 천장에 컬러드 롭해 주세요. 그 다음, 아주 연한 회색으로 만들어서 그 아 래쪽에도 색을 채워 주세요.

12 팔레트에서 30번 진한 갈색을 선택하고 창틀에 색을 컬러 드롭해 주세요.

13 이제 빛을 칠해서 그림을 감 각 있게 만들게요. 팔레트에 서 5번 노란색을 선택하여 창문에 컬러드롭해 주세요.

✏️ **그림 Tip** 창문의 직접적인 빛은 선명하게 색을 주는 것이 좋아요.

14 아래 빛은 5번 노란색을 더 연한 색으로 만들어 컬러드롭으로 채워 주세요.

그림 Tip 아래 바닥에 투과된 빛은 창문을 통해 들어온 것이기 때문에 조금 연한 색으로 색을 채우는 것이 좋아요.

15 더 연한 노란색으로 만들어서 벽에 비치는 곳에 컬러드롭해 주세요.

그림 Tip 벽은 빛을 바닥보다 더 환하게 표현해야 돼요.

≋ **레이어 체크**

16 이렇게 창문의 빛과 바닥과 벽의 빛을 그렸는데, 실내에서 빛나는 등을 표현할게요. 맨 위에 새 레이어를 추가해 주세요. 🖌(브러시툴)에서 라이트 펜 브러시를 선택해 주세요. 팔레트에서 5번 노란색을 선택하여 벽 거치대에 동그랗게 빛을 그려 주세요.

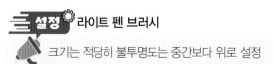
설정 ⚙ 라이트 펜 브러시
크기는 적당히 불투명도는 중간보다 위로 설정

17 천장에 있는 등 안에도 동그란 불빛을 그려 주세요.

18 가운데 천장에서 내려오는 등은 바깥 햇빛의 영향을 받기 때문에 조금 더 강하게 그리면 좋아요. 가운데 등이 더 진하게 보이도록, 팔레트에서 27번 주황색을 선택하여 가운데 등 주위의 창문에 색을 입혀 주세요.

19 다시 라인 브러시를 선택하고 팔레트에서 24번 검은색을 선택하여 왼쪽에 날짜를 적어 주세요.

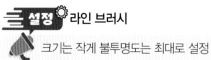 라인 브러시

크기는 작게 불투명도는 최대로 설정

혼합 브러시를 활용한 어반 드로잉

여행은 풍경 속에 추억을 남기지요. 이런 소중한 추억을 그림으로 남긴다면 추억에 빛이 더욱 날 거예요.
어반 드로잉은 동화적인 느낌이 나는 그림 스타일이라 여행 엽서로 제작해도 좋아요.
수채화의 느낌이 물씬 나는 어반 드로잉, 함께 그려 봐요.

□ Brush type

01 여행에서 찍은 사진을 준비해 주세요. 어반 드로잉을 처음 그리는 분들은 이렇게 건물이 있는 그림으로 시작하는 것이 좋아요. 그리고 건물이 너무 크면 직선으로 반듯하게 그려야 하는 압박감을 느낄 수 있으니 작게 보이는 아기자기한 그림부터 시작하는 것이 좋답니다.

02 🔧(동작툴)의 사진 삽입하기에서 사진을 불러와 주세요. 사진 레이어의 불투명도를 낮춰 주세요.

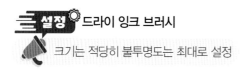 레이어 체크

03 그 위에 새 레이어를 추가해 주세요. ✏️(브러시툴)에서 드라이 잉크 브러시를 선택하고, 팔레트에서 24번 검은색을 선택하여 집의 지붕과 외곽을 그려 주세요.

📑 **설정** ⚙️ 드라이 잉크 브러시

📢 크기는 적당히 불투명도는 최대로 설정

04 다른 집도 그려 주세요. 큰 지붕이나 외곽부터 그리면
좋아요.

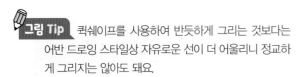
그림 Tip 퀵쉐이프를 사용하여 반듯하게 그리는 것보다는
어반 드로잉 스타일상 자유로운 선이 더 어울리니 정교하
게 그리지는 않아도 돼요.

05 어반 드로잉은 그릴 것이
많아서 그림을 그리면서
중간에 사진 레이어를
끄고 스케치의 느낌을
확인해야 해요. 스케치
했을 때의 브러시 크기
는 적당한지, 너무 안 그
린 곳은 없는지 등을 중
간중간 확인해 주세요.

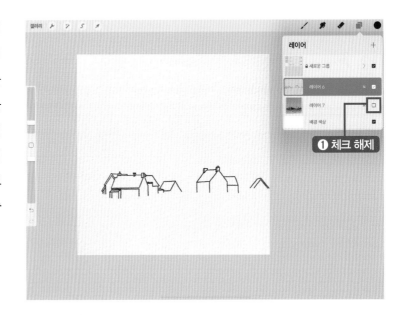

06 다시 〈스케치 레이어〉를 선택하여 스케치를 이어가 주세요. 아주 작은 오브제나 풀은 자유로운
선으로 두서없이 그려도 감각적으로 보여요.

07 창문도 그리면 아기자기함
이 더해진답니다. 창문을 그
릴 때는 브러시 크기는 살짝
작게 해서 그리면 좋아요.

08 왼쪽의 풀밭은 짧은 선을 겹
치며 그려 주세요.

09 풀을 똑같이 그리려고 하기
보다는 짧은 선으로 자유롭
게 그려 주세요.

10 이 그림의 포인트는 집이기
때문에 집 주변에 짧은 선을
덧대어 그려서 진하게 만들
어 주세요.

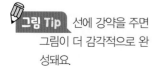 선에 강약을 주면
그림이 더 감각적으로 완
성돼요.

11 마지막으로 집의 지붕에 선을 그려 주세요. 어반 드로잉은 선을 많이 그릴수록 예쁘게 완성돼요.

📚 레이어 체크

12 이제 본격적으로 채색을 할게요. 스케치 레이어 아래에 새 레이어를 추가해 주세요. ✏️(브러시툴)에서 수채화 브러시를 선택해 주세요. 팔레트에서 18번 초록색을 선택한 후 연한 색으로 만들어 주세요. 만든 색으로 아래 풀밭을 칠해 주세요.

설정 ⚙️ **수채화 브러시**

크기는 적당히 불투명도는 중간으로 설정

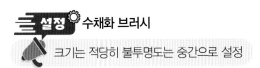

✏️ **그림 Tip** 　어반 드로잉은 라인으로 스케치를 했기 때문에 연하게 덧대어 칠하는 것이 좋아요.

13 집과 가까운 곳은 브러시를 한 번 더 덧대어 칠해서 조금 더 진하게 보이게 해 주세요.

14 팔레트에서 26번 연한 갈색을 선택한 후 조금 연한 색으로 만들어 주세요. 아래 땅을 가로선으로 쓱쓱 칠해 주세요.

✏️ **그림 Tip** 땅을 연하게 칠해야 풀밭과 집이 부각돼요.

15 이제 집의 지붕을 칠할게요. 팔레트에서 28번 갈색을 선택하여 조금 연한 색으로 만들어 주세요. 브러시 크기를 작게 하여 지붕을 칠해 주세요.

16 지붕의 군데군데에 붓터치를 덧대어 더 선명하게 칠해 주세요.

17 이번에는 집의 외벽을 칠할게요. 팔레트에서 21번 연한 회색을 선택하여 더 연한 색으로 만든 후 지붕이나 집과 집이 겹쳐져 있는 부분에 음영을 넣어 주세요.

✏️ **그림 Tip** 집의 외벽은 칠한 듯 안 칠한 듯 아주 연하게 칠해야 집과 풀밭이 부각돼요.

18 땅에 박혀 있는 지지대를 9번 빨간색과 21번 연한 회색으로 칠해 주세요.

🗂️ **레이어 체크**

19 이제 하늘을 칠할게요. 사진 레이어 위에 새 레이어를 추가해 주세요. 팔레트에서 10번 파란색을 선택한 후 브러시 크기를 크게 하여 가로선으로 칠해 주세요. 진해져야 하는 하늘은 붓터치를 겹쳐서 칠해 주세요.

20 🖌️(스머지툴)에서 수채화 브러시를 선택해 주세요. 크기는 크게, 불투명도는 중간보다 아래로 설정하여 하늘을 부드럽게 연결해 주세요.

21 집 아랫부분의 음영을 살짝 올릴게요. 〈집과 풀밭을 칠했던 레이어〉를 선택해 주세요. 팔레트에서 30번 진한 갈색을 선택한 후 조금 연하게 만들어 주세요. 만든 색으로 집 아래 위주로 군데군데 색을 칠해 주세요.

22 그림을 꾸밀게요. ✏(브러시툴)에서 털어주기 브러시를 선택하고 팔레트에서 30번 진한 갈색을 선택해 주세요. 땅 부분에 콕콕 그려 주세요.

설정 털어주기 브러시
크기는 작게 불투명도는 중간보다 위로 설정

레이어 체크

23 이번에는 하늘도 꾸밀게요. 스케치 레이어 아래에 새 레이어를 추가해 주세요. 팔레트에서 1번 하얀 색을 선택한 후 털어주기 브러시로 뿌려 주세요. 처음에는 불투명도를 중간으로 해서 뿌리고 집과 가까운 곳은 불투명도를 가장 최대로 올려서 뿌리면 자연스럽게 표현된답니다.

24 하늘에 예쁜 문구를 적고 그림을 완성할게요. 맨 위에 새 레이어를 추가해 주세요. ✏(브러시툴)
에서 드라이 잉크 브러시를 선택하고, 팔레트에서 1번 하얀색을 선택하여 'Travel'이라고 적어 주
세요.

픽셀아트로 그려 보는
과일 캐릭터

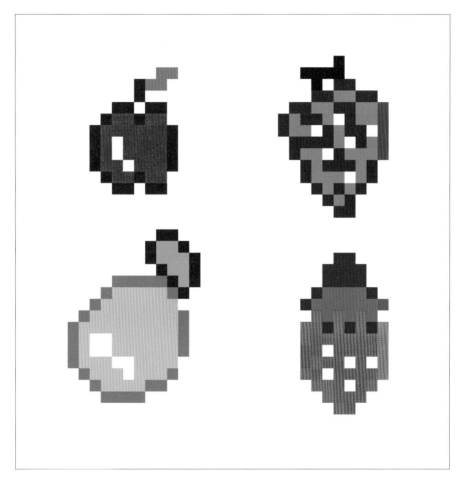

어린 시절 즐겨 했던 오락기 속의 레트로 감성 픽셀아트. 픽셀 그림은 그림 실력과는 상관이 없기 때문에
누구나 즐겁게 그릴 수 있는 그림이에요. 이제 프로트리에이트로 픽셀아트를 그려 보세요.

☐ Brush type

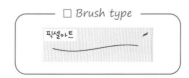

01 픽셀 그림은 작은 사이즈로 그려야 하기 때문에 새 캔버스를 제작하여 그릴게요. 새 캔버스는 40px × 40px로 제작해 주세요.

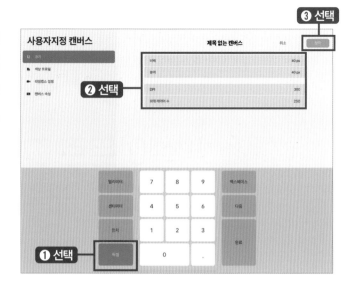

02 🔧(동작툴)에서 캔버스로 들어가 주세요. 캔버스에서 그리기 가이드를 선택하여 활성화하고, 아래 편집 그리기 가이드를 눌러 주세요.

03 아래의 격자 크기를 0으로 하고, 우측 상단의 완료를 눌러 주세요.

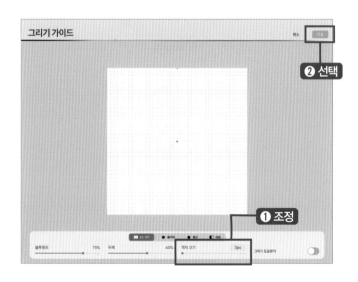

04 ✏ (브러시툴)에서 픽셀아트 브러시를 선택하고 팔레트에서 9번 빨간색을 선택해 주세요. 그리기 가이드 안에 점을 찍어 주세요.

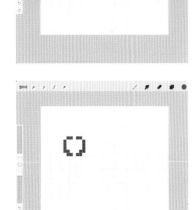

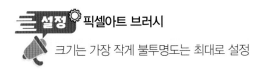
설정 ⚙ 픽셀아트 브러시
크기는 가장 작게 불투명도는 최대로 설정

05 칸에 점을 찍으며 사과의 형태를 만들어 주세요.

그림 Tip 대칭이 맞게 점을 찍으며 그려야 예쁘게 그려져요.

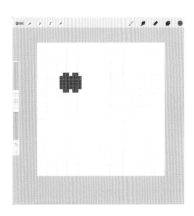

06 사과 안을 점과 선으로 채워 주세요.

07 더 진한 빨간색으로 만들어서 테두리를 그려 주세요.

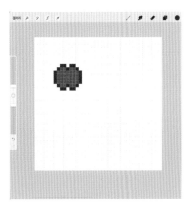

08 팔레트에서 19번 진한 초록색을 선택하여 사과의 꼭지를 그려 주세요.

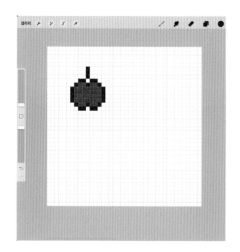

09 팔레트에서 18번 초록색을 선택하여 잎사귀도 그려 주세요.

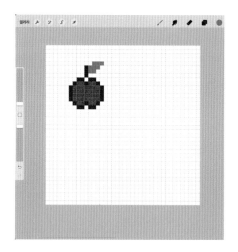

10 팔레트에서 1번 하얀색을 선택하여 점을 찍어서 사과에 하이라이트를 주세요.

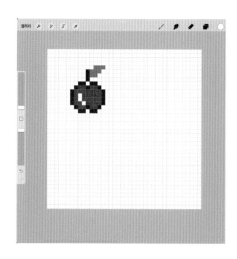

11 그리기 가이드를 비활성화하면 이렇게 앙증맞은 픽셀 사과 캐릭터가 잘 보여요.

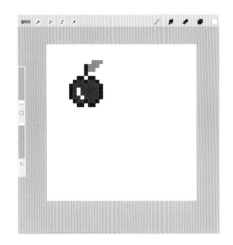

⬢ 레이어 체크

12 이번에는 포도를 그려 볼게요. 다시 그리기 가이드를 활성화하고 맨 위에 새 레이어를 추가해 주세요. 팔레트에서 11번 연한 보라색을 선택해 주세요. 점을 찍어 그려 주세요.

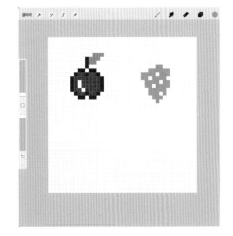

그림 Tip 포도는 알맹이로 되어 있기 때문에 중간중간에 하얀 칸을 남기면서 칠하면 좋아요.

13 팔레트에서 12번 보라색을 선택하여 테두리를 그려 주세요.

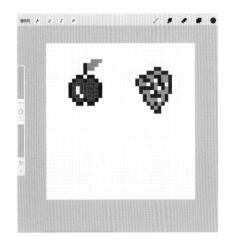

14 팔레트에서 30번 진한 갈색을 선택하여 포도의 가지를 그려 주세요.

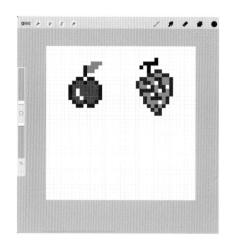

≋ 레이어 체크

15 이런 방법으로 레몬과 딸기도 그릴게요. 맨 위에 새 레이어를 추가해 주세요. 팔레트에서 5번 노란색을 선택하여 레몬을 그려 주세요.

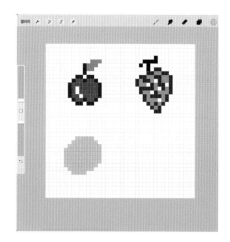

16 더 진한 노란색으로 만들어서 테두리도 그려 주세요.

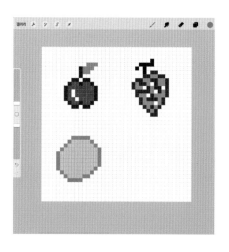

17 팔레트에서 17번 연한 초록색을 선택하여 잎사귀를, 19번 진한 초록색을 선택하여 테두리를 그려 주세요. 1번 하얀색으로 하이라이트를 그려 주세요.

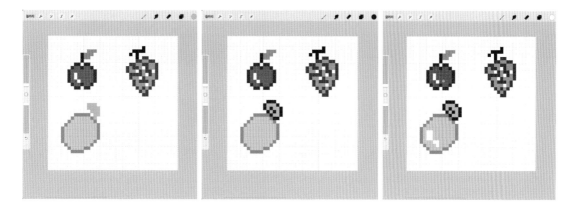

🍃 **레이어 체크**

18 이번에는 딸기를 그릴게요. 맨 위에 새 레이어를 추가해 주세요. 팔레트에서 7번 분홍색을 선택하여 아래가 뾰족해지도록 그려 주세요.

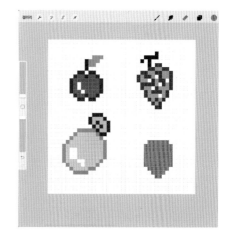

19 팔레트에서 16번 녹두색을 선택하여 딸기의 잎사귀를 그려 주세요. 더 진한 녹두색으로 만들어서 딸기 잎사귀의 테두리도 그려 주세요.

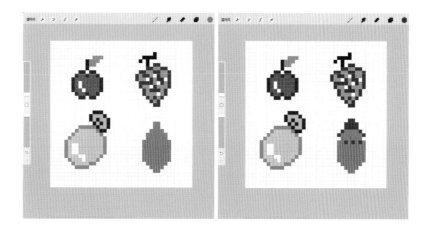

20 팔레트에서 1번 하얀색을 선택하여 딸기 씨앗을
그려 주세요.

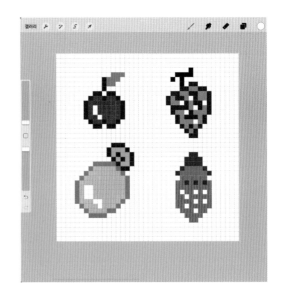

21 이렇게 픽셀로 과일 캐릭터를 그렸어요. 그리기 가이드를 비활성화해 주세요.

22 이 상태로 저장하면 그림이 워낙 작아서 보이지 않을 거
예요. 그래서 그림이 깨지지 않게 한 번 더 작업을 하고
저장할게요. 과일 레이어들을 병합해 주세요.

23 레이어 섬네일을 누르면 메뉴 창이 뜨는데, 복사하기를 눌러 주세요.

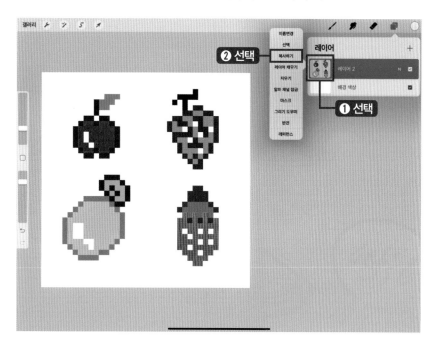

24 왼쪽 상단의 갤러리를 눌러서 나와 주세요. 오른쪽 상단의 +를 눌러 사각형 2048 × 2048px 캔버스를 만들어 주세요.

25 🔧(동작툴)의 추가에서 붙여
넣기를 선택해 주세요.

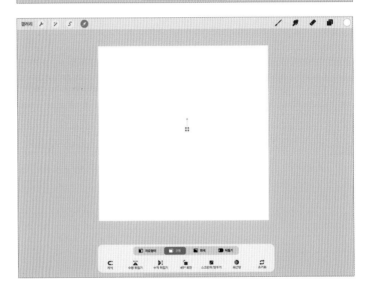

26 그럼 이렇게 작은 모양으로 나
타날 거예요. 그림이 워낙 작아
서 점처럼 보이는 것이랍니다.

27 이 상태에서 아래 옵션바에서
최근방을 눌러 주세요. 최근
방에서 최근방 이웃을 누른 후
그림을 크게 만들어 주세요.

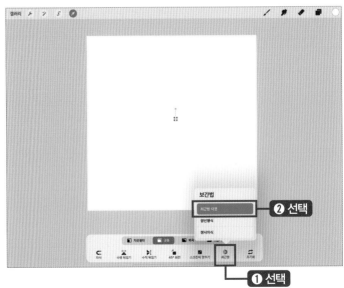

28 그림을 크게 하면 이렇게 화질이 깨져 보일 거예요. 걱정 말고 ↗(이동툴)을 눌러 화면에 예쁘게 배치해 주고 ↗(이동툴)을 다시 눌러 이동툴을 해제해 주세요. 그럼 깨져 보이는 픽셀 그림이 예쁘게 만들어진답니다.

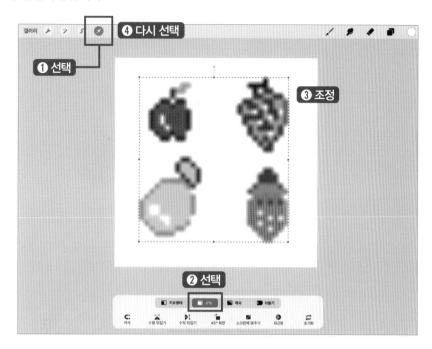

Broccoli

A FLOWER
FESTIVAL

달콤한 수박.

PART

5

색감각 키우기

Chapter 1

색감각을 키우기 위한 기본 자세

색 관찰을 통해 색을 발견해요

📋 이론 미리보기

Q1 색 감각은 타고나는 것인가요?

색은 빛이 만들어 내는 물리적인 현상이에요. 그리고 신기하게도 같은 색이지만 다르게 보이는 경우가 있어요. 그래서 색은 주관적인 기준이 중요해요. 주관적인 기준인 만큼 색 감각은 타고난 것보다는 학습으로 길러져요. 색을 아는 만큼 향상시킬 수 있기 때문에 색을 먼저 발견하는 연습을 하는 것이 좋아요.

Q2 색은 어떻게 발견해야 하나요?

내 주변에 늘 있던 색, 전부 알고 있을 거라 생각해서 큰 관심을 주지 않았던 색이기 때문에 '색에 관심을 가져야지'라는 생각을 잘 못하죠. 색을 알기 전에는 먼저 색을 관찰하는 자세를 가져야 해요. 색을 잘 관찰하여 발견하기 전에는 먼저 고유색에 대한 색편견을 깨야 해요.

Q3 고유색이란 무엇인가요?

대부분의 사람들은 토마토를 주황색이라고 아는 경우가 많아요. 이렇게 사물마다 변하지 않는 색이 있다고 생각하는데, 이러한 것을 고유색이라고 해요. 기억에 의존한 색을 떠올리기도 하여 기억색이라고도 불려요. 사과는 빨간색, 복숭아는 분홍색, 바나나는 노란색이라고 대답하는 것이 바로 기억색이랍니다. 이 고유색 혹은 기억색을 벗어나야 색에 대한 도전을 시작할 수 있어요.

Q4 색편견이란 무엇인가요?

색편견이란 색에 대한 관찰의 경험이 적어서 생기는 현상이에요. 한 가지 색에도 여러 색이 있는데 인지되어 있는 대표색만을 이야기하게 되는 거죠. 토마토는 무슨 색이냐고 물어보면 주황색이라고 말하는데, 사실 이 주황색도 밝은 주황색, 빨간색이 조금 더 섞인 주황색 등 여러 가지 색이 있을 수 있죠. 색편견을 깨고 토마토를 그릴 때, 즉 풍부한 주황색으로 그린다면 그림은 더욱 예뻐 보인답니다.

같은 나뭇잎을 그리더라도 고유색과 색편견을 조금만 벗어나면 아래처럼 다른 분위기의 그림을 그릴 수 있어요. 한 가지 색이라고 단정 짓지 말고 조금 더 연한 색, 조금 더 진한 색, 노란색이 섞인 색, 갈색이 섞인 색 등 다양한 색을 찾아보세요.

Q5 색감각을 키우기 위해서는 어떻게 해야 할까요?

색감각은 타고났다고 생각하는데, 색에 대한 인지가 낮아서 감각이 없다고 느끼는 것뿐이에요. 색과 색에 대한 관계를 알고, 색에 대한 간단한 이론만 알아도 색감각은 성장해요. 우선은 우리가 알고 있는 고유색에는 사실 다양한 색 변화가 있다는 것만 기억해 주세요. 색 변화를 인지하지 못한다면 사용할 색이 없다고 느끼거나 쓰던 색을 반복적으로 사용하게 될 테니까요. 색에 대한 관심의 폭을 넓히기 위해 주변을 더욱 자세히 관찰하고, 길을 건너며 만나는 신호등 색 등 우리가 일상생활에서 무수히 만나는 색들에 대해 먼저 더 깊이 있는 관심을 가져 주세요.

"눈으로 먼저 관찰하는 것, 색을 알아 가는 것의 시작이에요."

색 편견을 깨고
브로콜리를 그려 봐요

'브로콜리는 초록색이다'라는 색편견을 깨고 다양한 초록색들이 있는 브로콜리를 그려 봐요.
색을 조금만 바꾸어도 느낌이 다른 브로콜리를 만나 볼 수 있답니다.

□ Brush type

01 ✏️(브러시툴)에서 오일 파스텔 브러시를 선택해 주세요. 팔레트에서 19번 진한 초록색을 선택하여 동글동글한 브로콜리를 그려 주세요.

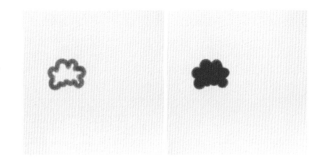

🔖 **레이어** 체크

02 그 아래에 새 레이어를 추가해 주세요. 팔레트에서 아주 연한 초록색으로 만든 후 브로콜리 아래를 그려 주세요.

03 같은 브로콜리 3개를 그릴 것이라 앞에서 그린 두 레이어를 그룹으로 묶어 주세요. 브로콜리 아래 레이어를 꾹 눌러 다른 브로콜리 레이어 위에 올려놓으면 새로운 그룹이 만들어져요.

❶ 선택 후 그룹화

04 새로운 그룹을 선택하고 왼쪽으로 스와이프하여 복제를 눌러 주세요. 레이어 그룹이 복제돼요.

05 ⬈(이동툴)을 눌러 오른쪽
으로 이동시키고 회전도 시
켜 주세요.

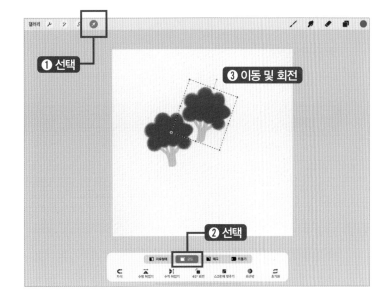

메뉴 Tip

레이어가 그룹으로 되어
있어 레이어를 병합하지
않아도 함께 적용돼요.

06 한 번 더 레이어 그룹을 복
제하고 ⬈(이동툴)로 오른
쪽 아래로 이동과 회전을
해 주세요.

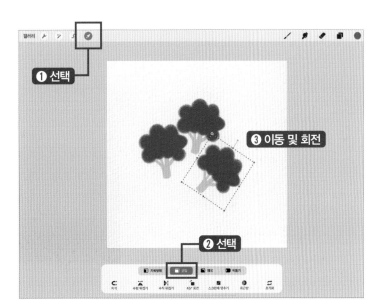

07 먼저 첫 번째 브로콜리부터 색을 칠할게요. 그룹을 열어서 〈브로콜리
레이어〉를 선택하고, 알파 채널 잠금을 활성화해 주세요.

08 스포이드로 브로콜리 색을 추출한 후 조금 진하게 색을 만들어 아랫부분에 칠해 주세요.

> ✎ **그림 Tip** 브로콜리는 초록색 하나만으로 이루어진 것이 아니기 때문에 칠한 초록색보다 더 진한 초록색을 만들어서 브로콜리의 색감을 풍부하게 해 줄 거예요. 같은 색에서도 다양한 색으로 분류할 수 있답니다.

09 이번에는 연한 초록색을 만들어서 브로콜리의 색감을 풍부하게 만들 거예요. 팔레트에서 더 연한 색으로 만든 후 브로콜리 윗부분에 색을 칠해 주세요.

10 두 번째 브로콜리의 색감을 풍부하게 할게요. 〈두 번째 브로콜리 레이어〉를 선택하고 알파 채널 잠금을 활성화해 주세요. 스포이드로 두 번째 브로콜리의 색을 추출한 후 아래 색상 바를 움직여 노란색이 섞인 초록색으로 만들어 주세요. 만든 색을 더 어둡게 만들어서 브로콜리 아랫부분을 칠해 주세요.

11 팔레트에서 연한 색으로 만든 후 브로콜리 윗부분에 색을 칠해 주세요. 이렇게 첫 번째 브로콜리와 조금 다른 색감의 브로콜리가 그려졌어요.

12 마지막으로 세 번째 브로콜리도 다른 색감으로 칠할게요. 〈세 번째 브로콜리 레이어〉를 선택하고 알파 채널 잠금을 활성화해 주세요. 스포이드로 세 번째 브로콜리 색을 추출한 후 아래 색상 바를 움직여 파란색이 섞인 초록색으로 만들어 주세요. 조금 더 어둡게 색을 만든 후 브로콜리 아랫부분에 칠해 주세요.

13 더 연한 색으로 만든 후 브로콜리 윗부분에 칠해 주세요. 이렇게 같은 브로콜리지만 다른 색감으로 인해 그림이 풍부해졌어요. 이제 꾸미기 요소를 줘서 그림을 예쁘게 만들어요.

(≋ 레이어 체크)

14 맨 위에 새 레이어를 추가해 주세요. 팔레트에서 1번 하얀색을 선택하고 브로콜리에 점을 찍어 주세요.

(≋ 레이어 체크)

15 맨 위에 새 레이어를 추가해 주세요. 브로콜리 주변에 우리가 만들었던 다양한 초록색으로 작은 나뭇잎을 그려 주세요.

16 팔레트에서 1번 하얀색을 선택하여 나뭇잎의 잎맥도 그려
주세요.

⬧ 레이어 체크

17 나뭇잎 레이어 아래에 새 레이어를 추가하여 문구를 적고 그림을 완성할게요. 팔레트에서 24번 검
은색을 선택하고 'Broccoli'라고 적어 주세요.

이렇게 초록색의 브로콜리뿐만이 아니라. 노란색이 섞인 초록색의 브로콜리, 파란색이 섞인 초록
색의 브로콜리를 그려 보았어요. 같은 오브제를 여러 개 그릴 때 이렇게 색감을 조금만 바꾸어도
분위기가 다른 그림을 그릴 수 있답니다. 초록색의 브로콜리라는 고유색에서 벗어나고, 같은 초록
색에서 여러 색이 만들어질 수 있다는 사실을 알고 색편견을 깨면 색 감각을 키우기 위한 첫 걸음
을 뗀 것이에요.

Chapter 2

유사색과 보색은 어떻게 사용하지?

실패하지 않는 색 조합,
유사색이 주는 분위기

유사색으로 이루어진 그림은 따뜻하고 편안한 느낌을 줘요.

그리고 색을 선정하기도 수월해서 그림을 처음 그리는 사람들도 분위기 좋은 그림을 그릴 수 있어요.

□ Brush type

Q1 색상환이란?

색에 대한 관계와 기본 이론은 색상환 하나만 봐도 충분히 알 수 있어요. 색상환은 비슷한 색들을 가까이 배치시켜 둥글게 배치한 것이에요. 색상환을 통해서 색상 간의 유사색, 보색 등 색의 질서들을 이해하고 판단할 수 있어요. 색과의 관계를 잘 이해하면 색 감각을 키울 수 있는 첫 걸음이 될 수 있답니다.

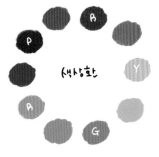

Q2 유사색이란?

유사색이란 비슷한 색상과의 조합을 이야기해요. 색상환에서 양옆에 있는 색들을 유사색이라고 해요. 또는 같은 색에서 생기는 명도와 채도로 구분된 밝은 색과 어두운 색도 유사색이랍니다. 그래서 유사색은 친구 사이라고 할 수 있어요. 비슷한 것에 끌려서 함께 모여서 다니는 포근한 관계예요. 이렇게 포근한 색으로 그림을 그리면 색감을 안전하고도 예쁘게 표현할 수 있답니다.

01 유사색 개념을 바탕으로 그림을 그려 봐요. ✏(브러시툴)에서 오일 파스텔 브러시를 선택하고 팔레트에서 26번 연한 갈색을 선택하여 창틀을 그려 주세요.

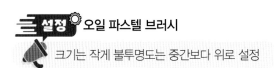

설정 ⚙오일 파스텔 브러시

크기는 작게 불투명도는 중간보다 위로 설정

02 창틀에 라운드를 그릴 건데, 창틀을 칠할 때 사용한 26번 연한 갈색을 바탕으로 연한 색과 진한 색을 만들어서 라운드를 그려 주세요.

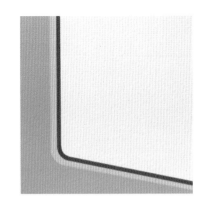

03 팔레트에서 16번 녹두색을 선택하여 라운드를 그려 주세요. 녹두색은 브라운 계열을 섞어서 만드는 색이라 갈색과 잘 어울려요.

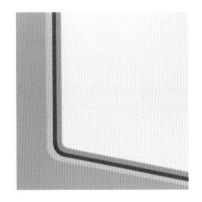

◈ 레이어 체크

04 맨 위에 새 레이어를 추가해 주세요. 바닥을 칠할 것인데, 브라운 계열로 칠할게요. 팔레트에서 30번 진한 갈색을 선택하여 더 진하게 색을 만든 후 바닥을 칠하세요.

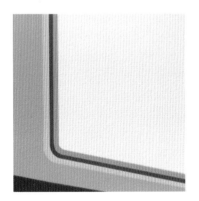

◈ 레이어 체크

05 이렇게 유사색으로 칠했는데, 창틀의 음영도 브라운 계열로 칠할게요. 창틀을 칠했던 레이어 위에 새 레이어를 추가해 주세요. 추가한 레이어의 섬네일을 눌러 클리핑 마스크를 적용해 주세요.

06 팔레트에서 26번 연한 갈색을 선택하여 조금 진하게 만든 뒤, 창틀에 음영을 넣어 주세요. 이후 16번 녹두색을 선택하여 조금 연한 색으로 만든 후 창틀 군데군데에 음영을 주세요.

✏️ **그림 Tip** 음영을 줄 때 브러시 불투명도를 중간보다 아래로 설정하여 칠해야 자연스럽게 표현돼요.

📑 **레이어 체크**

07 창밖 너머의 풍경을 그릴게요. 창밖의 풍경은 창틀에 칠했던 녹두색 위주로 색감을 주어 조화롭고 평화로운 분위기가 표현되게 진행할게요. 맨 아래에 새 레이어를 추가해 주세요. 팔레트에서 16번 녹두색을 선택하여 아주 진한 색으로 만들어 주세요. 만든 색으로 땅을 그려 주세요.

08 조금 연한 색으로 만들어서 뒤에 있는 땅을 그려 주세요.

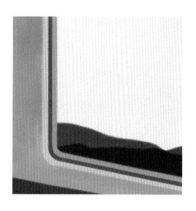

09 더 연한 색으로 만들어서 뒤에 땅을 그려 주세요.

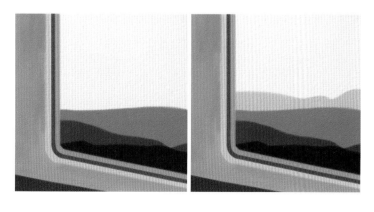

10 맨 아래에 새 레이어를 추가해 주세요. 팔레트에서 20번 하늘색을 선택한 후 아주 연한 색으로 만들어서 바다를 그려 주세요.

> ✏️ **그림 Tip** 유사색과 조금 어긋나는 색을 넣어야 할 때는 흰색을 섞은 파스텔 톤으로 연하게 칠하면 잘 어울려요.

11 팔레트에서 15번 민트색을 선택하고, 진한 색으로 만들어서 멀리 보이는 산의 형태를 그려 주세요.

12 조금 연한 색으로 만들어서 더 멀리 보이는 산을 그려 주세요.

13 팔레트에서 21번 연한 회색을 선택한 후 더 연한 색으로 만들어서 멀리 있는 산을 그려 주세요.

> ✏️ **그림 Tip** 색을 많이 사용해서 색을 고르지 못할 경우에는 모노톤을 추가하면 돼요. 모노톤은 그림의 색 분위기를 조화롭게 만들어 줘요.

14 팔레트에서 2번 아이보리색을 선택하여 하늘을 칠해 주세요.

≋ **레이어** 체크

15 이렇게 유사색으로 기본색을 칠하니 그림의 분위기가 평화로워 보이죠. 이 분위기를 더욱 표현해 줄 꾸미기 요소를 추가할게요. 맨 위에 새 레이어를 추가해 주세요. 팔레트에서 1번 하얀색을 선택하여 한가로워 보이는 오리들을 그려 주세요.

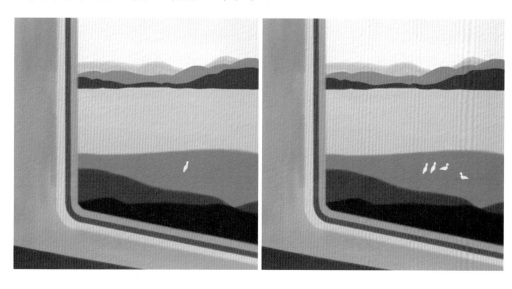

≋ **레이어** 체크

16 오리 레이어 아래에 새 레이어를 추가해 주세요. 스포이드로 오리 아래의 풀색을 추출한 후 조금 진하게 만들어서 오리 아래에 그림자를 그려 주세요.

🔖 레이어 체크

17 저 멀리 보이는 전봇대도 그릴게요. 맨 위에 새 레이어를 추가해 주세요. 22번 회색을 선택한 후 약간 기울어진 전봇대를 그려 주세요.

🔖 레이어 체크

18 맨 위에 새 레이어를 추가해 주세요. 팔레트에서 1번 하얀색을 선택하여 바다 위에 물결을 그려 주세요.

✏️ **그림 Tip** 땅과 맞닿아 있는 부분을 더 진하게 칠하고 멀리 갈수록 흐리게 칠해 주세요.

🔖 레이어 체크

19 맨 위에 새 레이어를 추가해 주세요. 창틀 너머에 보이는 나무들을 그릴게요. 30번 진한 갈색으로 휘어져 있는 나무 기둥을 그려 주세요.

20 팔레트에서 19번 진한 초록색을 선택하여 나뭇잎도 그려 주세요.

21 팔레트에서 18번 초록색을 선택하여 나뭇잎을 더 그려 주세요. 멀리 보이는 산과 들판에는 1번 하얀색으로 가로선을 살짝 칠해 주세요. 그럼 멀리 있는 듯한 느낌이 더 나요.

🖊 **그림 Tip** 멀리 보이는 것은 흐릿하게 칠해 주는 것이 좋아요.

⬗ **레이어 체크**

22 맨 위에 새 레이어를 추가해 주세요. 팔레트에서 24번 검은색을 선택하여 쓰고 싶은 문구를 오른쪽 아래에 적고 그림을 완성하세요.

보색으로 그려 내는
포인트 색감

서로 반대되는 색으로, 눈에 띄는 포스터 제작이나 블로그 섬네일 등을 알리는 용도로
많이 사용하는 색이 보색이에요. 함께 그려 가며 화려한 색감에 대해 알아봐요.

□ Brush type

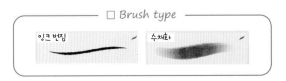

01 팔레트에서 6번 연한 분홍색을 선택하여 채도를 조금 낮춰 주세요.

✏️ **그림 Tip** 배경의 색은 차분한 느낌이 나는 것이 좋으니 채도를 낮추거나 파스텔 톤으로 주어야 오브제의 포인트 색감을 잘 살릴 수 있어요.

(≋ 레이어 체크)

02 섬네일을 만들어 볼 거예요. 빨간색과 초록색의 보색 관계를 활용하여 그려 볼게요. 맨 위에 새 레이어를 추가해 주세요. ✏️(브러시툴)에서 잉크 번짐 브러시를 선택해 주세요. 팔레트에서 9번 빨간색을 선택하여 꽃을 그려 주세요.

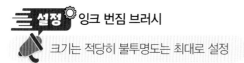

설정 ⚙️ 잉크 번짐 브러시

크기는 적당히 불투명도는 최대로 설정

(≋ 레이어 체크)

03 꽃 레이어 아래에 새 레이어를 추가해 주세요. 빨간색의 보색은 초록색이에요. 초록색으로 잎사귀를 그려서 색감을 화려하게 만들어 줄게요. 팔레트에서 19번 진한 초록색을 선택한 후 줄기와 잎사귀를 그려 주세요.

(≋ 레이어 체크)

04 보색 관계로 인해 색이 선명해졌는데, 더욱 선명하게 보이도록 줄기를 추가하여 그릴게요. 줄기를 그렸던 레이어 아래에 새 레이어를 추가해 주세요. 팔레트에서 17번 연한 초록색을 선택하여 잎사귀를 더욱 그려 주세요. 얇은 잎사귀도 그려 주세요.

05 방금 잎을 그린 레이어 위에 새 레이어를 추가해 주세요. 팔레트에서 1번 하얀색을 선택하여 작은 꽃을 그려 주세요.

🖉 **그림 Tip** 보색 관계가 돋보이도록 다른 색을 최대한 쓰지 말고 무채색(흰색, 회색, 검은색) 위주로 사용하세요.

06 가운데에 문구를 적을게요. 🔧(동작툴)의 추가에서 텍스트 추가를 눌러 주세요. 'A FLOWER FESTIVAL' 이라고 적고 오른쪽의 스타일 편집을 눌러 주세요.

07 마음에 드는 글씨체를 적용하세요. 적용한 뒤, 오른쪽의 완료를 눌러 주세요.

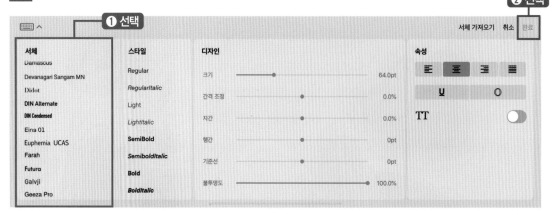

08 ↗(이동툴)로 크기를 조정해 주세요.

09 이제 아날로그 느낌이 나도록 질감을 줄게요. 〈꽃을 그렸던 레이어〉를 선택하고 알파 채널 잠금을 활성화해 주세요. ✏(브러시툴)에서 수채화 브러시를 선택하고, 팔레트에서 7번 분홍색을 선택해 주세요. 꽃에 덧대어 칠해서 아날로그 느낌을 표현해 주세요.

설정 ⚙ 수채화 브러시

크기는 적당히 불투명도는 중간으로 설정

10 다른 꽃에도 똑같이 질감을 주세요.

그림 Tip 꽃잎 위주로만 질감을 주는 것이 음영 대비가 있어 예쁘게 칠해져요.

11 〈진한 초록색 잎사귀를 그렸던 레이어〉를 선택하여 알파 채널 잠금을 활성화해 주세요. 팔레트에서 17번 연한 초록색을 선택하여 붓터치를 해 주세요.

12 이번에는 〈연한 잎사귀 레이어〉를 선택하고, 알파 채널 잠금을 활성화해 주세요. 팔레트에서 15번 민트색을 선택하고 붓터치를 해서 아날로그 질감을 표현해 주세요.

13 글자에 색을 주고 그림을 완성할게요. 〈글씨 레이어〉를 선택하고 섬네일을 눌러 레스터화를 선택해 주세요. 그럼 글씨가 그림으로 바뀌어요.

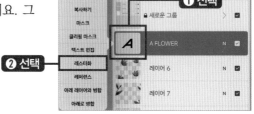

14 글씨 레이어의 알파 채널 잠금을 활성화하고, 브러시에서 잉크 번짐 브러시를 선택해 주세요. 팔레트에서 9번 빨간색을 선택하여 글자 가운데에 색을 가로선으로 칠해 주세요.

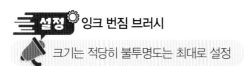

설정 잉크 번짐 브러시
크기는 적당히 불투명도는 최대로 설정

15 그림 배경에 패턴을 그릴 거예요. 분홍색 배경 레이어 위에 새 레이어를 추가해 주세요. 스포이드로 배경색을 추출한 후 더 진한 분홍색으로 만들어 주세요. 만든 색으로 동그라미를 그려 주세요.

16 마지막으로 잎사귀를 꾸밀게요. 〈진한 잎사귀 레이어〉를 선택하고, 팔레트에서 17번 연한 초록색을 선택하여 잎맥을 그려 주세요.

17 〈작은 잎사귀 레이어〉를 선택하고 흰색 점을 찍어 잎사귀를 꾸미세요.

Chapter 3

깔끔한 색감을
위한 다양한 방법

맑게 칠하는 방법

그림을 그리다보면 중간 과정에서 탁해져서 색칠을 못하는 경우가 종종 있어요.
어떻게 하면 맑게 칠할 수 있는지 함께 그리며 이해해 봐요.

☐ Brush type

오일파스텔

01 먼저 배 모양을 그려 볼게요. ✏️(브러시툴)에서 오일 파스텔 브러시를 선택해 주세요. 팔레트에서 5번 노란색을 선택하여 배를 그려 주세요.

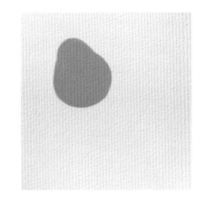

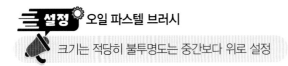
02 밝은 음영을 만들어 칠할게요. 레이어의 알파 채널 잠금을 활성화해 주세요. 5번 노란색보다 조금 더 연한 색으로 만들어서 밝은 음영을 칠해 주세요.

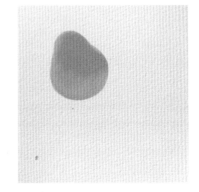

그림 Tip 음영을 줄 때는 브러시의 불투명도를 중간보다 아래로 낮춰 칠하면 자연스러워져요.

03 이제 어두운 음영을 주어 입체감을 풍부하게 할게요. 팔레트에서 13번 연한 주황색을 선택하여 조금 더 연하게 색을 만들어 주세요. 만든 색으로 오른쪽에 음영을 칠해 주세요.

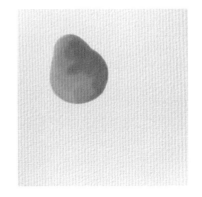

☰ 레이어 체크

04 밝은 톤, 중간 톤, 어두운 톤으로 입체감을 주었는데 배를 하나 더 그려서 맑은 느낌이 나도록 음영을 주며 칠해 볼게요. 맨 위에 새 레이어를 추가해 주세요. 팔레트에서 5번 노란색을 선택하여 오른쪽에 배를 하나 더 그려 주세요.

05 이번에도 밝은 음영을 줄게요. 레이어의 알파 채널 잠금을 활성화해 주세요. 팔레트에서 5번 노란색을 선택하여 아주 연한 색으로 만든 후 배의 왼쪽에 칠해 주세요.

06 이렇게 아주 밝은 색으로 칠하니 그림이 더욱 화사해 보이죠. 원래 칠해져 있던 노란색과 색 차이도 많이 나지 않아서, 마치 중간 영역도 밝은 영역인 것처럼 밝은 영역이 확대되어 보여요. 그 옆에 중간 톤을 살짝 올려서 입체감을 줄게요. 조금 진한 색으로 만들어 오른쪽에 색을 칠해 주세요.

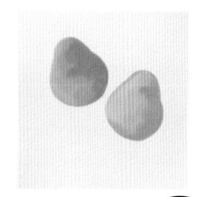

✏️ **그림 Tip** 맑은 느낌이 나려면 밝은 영역을 넓게 확대하여 칠해 줘야 해요.

07 이제 어두운 톤을 칠해서 입체감이 풍부하게 만들어 줄게요. 팔레트에서 13번 연한 주황색을 선택하여 조금 연하게 색을 만들어 주세요. 만든 색으로 오른쪽에 음영을 칠해 주세요.

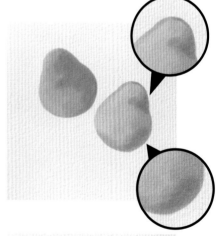

✏️ **그림 Tip** 맑은 느낌이 나려면 어두운 영역은 좁게 그리고, 밝음과 어두움의 대비를 확실하게 해 주세요. 그럼 그림이 환하고 선명해져 맑은 느낌을 표현할 수 있어요.

(🍃 레이어 체크)

08 배의 꼭지를 그릴게요. 맨 위에 새 레이어를 추가해 주세요. 팔레트에서 30번 진한 갈색을 선택하여 꼭지를 그려 주세요.

✏️ **그림 Tip** 2개의 배를 보면 왼쪽의 배보다 오른쪽의 배가 더 맑은 느낌이 나요. 밝은 영역의 확대와 밝음과 어두움의 대비를 확실하게 해서 맑은 느낌의 그림을 그려 보세요.

09 팔레트에서 18번 초록색을 선택하여 잎사귀도 그려 주세요.

10 배에 하이라이트를 주어 생기 있게 만들게요. 팔레트에서
1번 하얀색을 선택하여 동그라미 형태의 하이라이트를 그
려 주세요.

(☰ 레이어 체크)

11 그림자를 주어 배의 입체감을 완성할게요. 맨 아래에 새 레
이어를 추가해 주세요. 팔레트에서 21번 연한 회색을 선택
하고 조금 더 연한 색으로 만드세요. 만든 색으로 배 아래에
그림자를 그려 주세요.

12 더 진한 회색으로 만들어서
배 아래에 그림자를 더 그리
고 그림을 완성하세요. 문
구를 집어 넣어도 좋아요.

반사광은 색감 UP

달콩한 수박 ..

사물마다 반사광이 있는데, 이 반사광은 숨어 있는 색이랍니다. 숨어 있는 색을 잘 활용하면
단조로운 색 표현이 아니라 풍부한 색 표현이 가능해져 그림의 완성도가 더욱 깊어져요.

───── □ Brush type ─────

오일파스텔

🗒️ 이론 미리보기

Q1 반사광이란?

간단히 말해 반사되는 빛을 의미하는데요, 모든 사물은 자신이 받은 빛을 주변에 비추고 반사시켜요. 반사광은 주변 색의 영향을 강하게 받고 있어 그 반사광의 색을 그릴 사물에 첨가하여 그린다면 색감이 풍부한 그림을 그릴 수 있어요. 반사광이 첨가된 그림과 그렇지 않은 그림을 비교했을 때는 미묘한 차이가 나지만, 이러한 미묘한 차이가 그림의 전체 색감에 미치는 영향은 무척 커요. 단순해 보이는 색을 풍부하게 만들어 색감을 향상시키기 때문이죠. 자, 그럼 반사광을 어떻게 표현하는지 함께 그리며 알아봐요.

Q2 반사광이 있으면 어떤 효과가 있나요?

반사광을 색에 반영하지 않아도 괜찮지만, 아래 그림을 보면 바닥의 색과 수박의 색을 서로 반사광으로 반영했을 때 훨씬 자연스럽고 색감이 좋게 느껴져요. 미묘해 보이지만 이런 차이가 그림의 전체 색감에 미치는 영향은 크기 때문에 색감을 풍부하게 하고 싶다면 반사광을 잘 활용해 보세요. 왼쪽 사진이 반사광을 반영하지 않은 그림이고 오른쪽 사진이 반사광을 반영한 그림이에요.

01 수박을 그리며 반사광을 표현해 볼게요. ✏(브러시툴)에서 오일 파스텔 브러시를 선택해 주세요. 팔레트에서 9번 빨간색을 선택하여 수박을 그려 주세요.

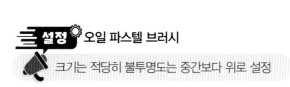

설정 ✿오일 파스텔 브러시

크기는 적당히 불투명도는 중간보다 위로 설정

02 팔레트에서 7번 분홍색을 선택하여 수박 옆면을 그려 주세요.

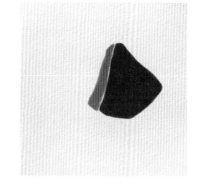

그림 Tip 사이를 살짝 띄어서 그리면 그림이 더 세련되어 보여요.

03 팔레트에서 16번 녹두색을 선택하여 수박 껍질을 그리고, 더 연한 색으로 만들어서 껍질의 옆면도 그려 주세요.

(☰ 레이어 체크)

04 수박 레이어 아래에 새 레이어를 추가해 주세요. 팔레트에서 8번 진한 분홍색과 16번 녹두색을 선택하고 연하게 만들어서 뒤에 수박을 그려 주세요.

05 팔레트에서 16번 녹두색을 선택하여 수박 껍질을 그려 주세요.

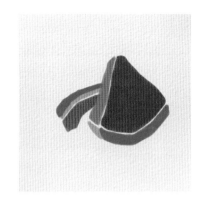

≋ 레이어 체크

06 맨 아래에 새 레이어를 추가하고, 팔레트에서 16번 녹두색을 선택한 후 아주 연한 색으로 만들어 바닥을 칠해 주세요.

07 이렇게 수박의 기본색을 칠했어요. 이제 수박에 어두운 음영을 줄게요. 〈큰 수박 레이어〉를 선택하여 알파 채널 잠금을 활성화해 주세요. 스포이드로 수박의 색을 추출한 후 진한 색으로 만들어서 군데군데에 색을 칠해 주세요.

08 스포이드로 수박 껍질의 색을 추출한 후 색을 연하게 만들어서 껍질에 밝은 음영을 주세요.

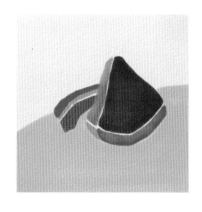

09 〈작은 수박 레이어〉를 선택하여 알파 채널 잠금을 활성화
해 주세요. 큰 수박처럼 과육과 껍질에 밝은 음영을 주세요.

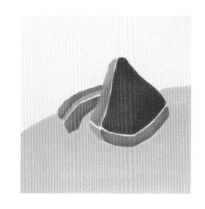

10 바닥에도 음영을 줄게요. 〈바닥 레이어〉의 알파 채널 잠금
을 활성화해 주세요. 스포이드로 바닥색을 추출한 후 연한
색으로 만들어서 왼쪽에 밝은 음영을 주세요.

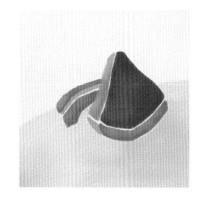

(≋ 레이어 체크)

11 바닥 레이어 위에 새 레이어를 추가해 주세요. 수박 그림자
를 그릴게요. 팔레트에서 21번 연한 회색을 선택하여 그림
자를 칠해 주세요.

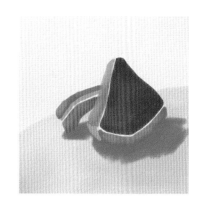

12 ✎(스머지툴)에서 오일 파스텔 브러시를 선택하여 브러시
크기는 적당히, 불투명도는 중간보다 아래로 설정해 주세요.
그림자를 부드럽게 풀어 주세요.

13 팔레트에서 22번 회색을 선택하여 그림자를 더 진하게 칠해 주세요.

📚 레이어 체크

14 이제 반사되는 색을 수박에 그려서 색감을 더욱 풍부하게 할게요. 수박 레이어 위에 새 레이어를 추가해 주세요. 스포이드로 바닥 색을 추출한 후 수박에 색을 칠해 주세요.

📚 레이어 체크

15 반사되는 색을 칠해 수박의 색이 더욱 화사해졌어요. 이제 수박의 씨앗을 그릴게요. 맨 위에 새 레이어를 추가해 주세요. 팔레트에서 24번 검은색을 선택한 후 씨앗을 그려 주세요.

≋ 레이어 체크

16 바닥에도 수박의 색을 살짝 칠해서 색감을 풍부
하게 만들게요. 바닥 레이어 위에 새 레이어를 추
가해 주세요. 새로 추가된 레이어 섬네일을 눌러
클리핑 마스크를 적용해 주세요. 팔레트에서 6번
연한 분홍색을 선택하여 수박 주변에 색을 칠해
주세요.

≋ 레이어 체크

17 문구를 적고 그림을 완성할게요. 맨 위에 새 레이어를 추가해 주세요. 팔레트에서 24번 검은색을
선택하여 '달콤한 수박'이라고 적어 주세요.

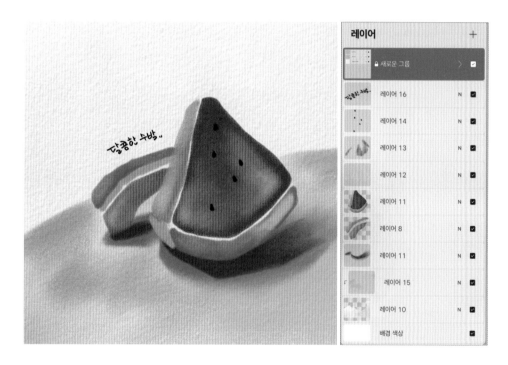

Dal-kong 1984

PART

6

프로크리에이트와
함께라면!

캐릭터 명함 제작하기

Dal-kong 1984

"나를 캐릭터로 그리거나 지인을 캐릭터로 그려서
명함을 선물해 주세요."

01 정사각형 캐릭터 명함을 제작할 거예요. 갤러리에서 새 캔버스 60 × 60mm, DPI 300으로 설정을 하고 새 캔버스를 제작해 주세요.

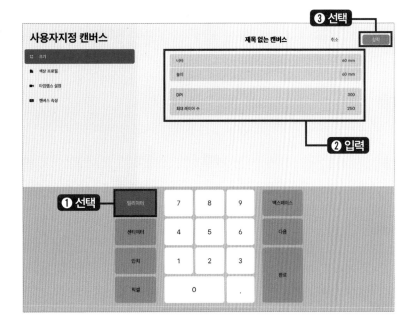

02 마음에 드는 브러시로 캐릭터를 그려 주세요.

03 배경이 없는 PNG로 저장해야 하기 때문에 아래의 배경 색상 레이어를 꺼 주세요.

04 🔧(동작툴)의 공유로 들어가 PNG로 저장해 주세요.

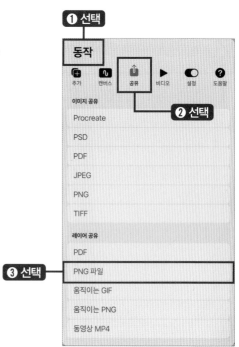

05 오프린트미 앱을 다운로드받고, 회원가입을 해 주세요.

06 왼쪽 상단에서 명함을 눌러 주세요. 정사각사이즈로 들어가세요.

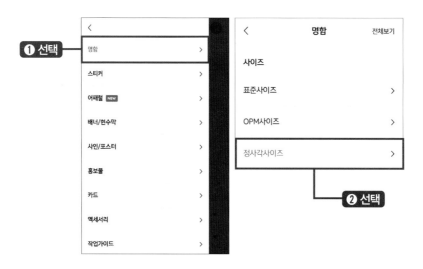

07 원하는 옵션을 선택하고, 시작하기를 누르세요.

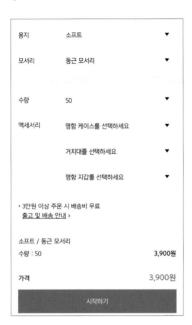

09 정사각형으로 제작할 것이라 세로선택과 가로선택 중 아무것이나 누르세요.

08 직접 디자인 하기로 들어가세요.

10 상단의 연필 모양을 누르면 사진이 있어요. 사진을 눌러 주세요.

11 가운데에 위치를 정하고 놓으세요. 위치가
마음에 들면 위 상단의 저장하기를 눌러
주세요.

12 장바구니 가기를 누르세요.

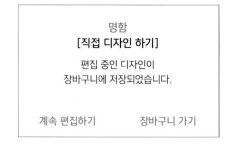

13 편집할 사항이 있으면 편집하기를 누르면 돼요. 주문하
기를 누르면 나만의 캐릭터 명함을 받아 보실 수 있어요.

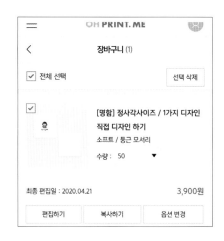

미니 에코백 제작하기

"하나밖에 없는 미니 에코백을 제작해요."

01 오프린트미 앱을 실행하고 어패럴로 들어가 주세요. 에코백으로 들어가서 베이직 에코백(S)를
눌러 주세요.

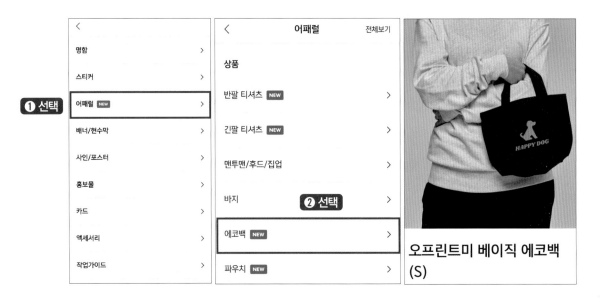

02 아래 옵션을 선택하고 시작하기를 눌러 주세요.

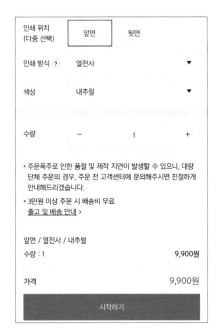

03 직접 디자인 하기를 눌러 주세요. 연필 모양을 눌러 사진으로 들어가 그림을 불러오세요.

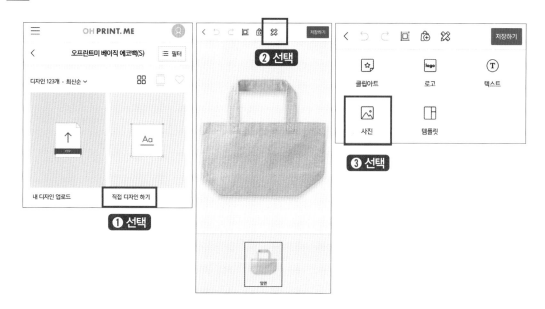

04 사진을 에코백 가운데에 위치시키고 저장하기를 눌러 주세요.

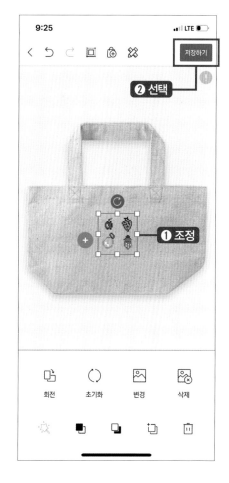

스티커 제작하기

"여러 그림을 한 번에 모아서 스티커를 제작해요.
칼선 걱정이 없는, 초보자도 쉽게 제작할 수 있는 스티커예요."

01 오프린트미를 실행하고 왼쪽 상단에서 스티커로 들어가세요.

02 DIY로 들어가세요.

03 옵션에서 꼭 칼선 넣기를 선택하세요. 다른 옵션들도 선택하여 시작하기를 눌러 주세요.

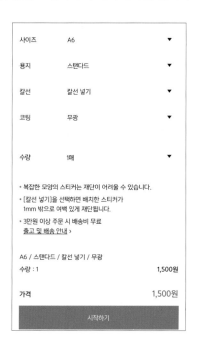

04 직접 디자인 하기를 눌러 주세요.

05 연필 아이콘을 누르세요. 사진을 눌러 그림을 불러
오세요.

06 칼선이 바깥으로 나가지 않게 잘 배치한 다음 다시 연
필 아이콘을 눌러 사진을 눌러 주세요. 사진은 한 장
한 장 불러올 수 있어요. 전부 배치한 후 저장하기를
눌러 주세요.

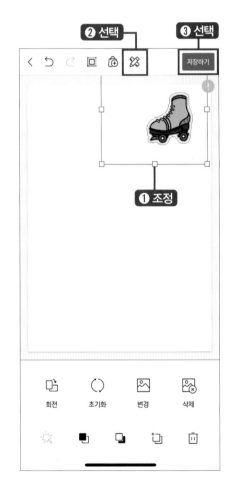

07 장바구니에 담겨 있는 나만의 스티커랍니다.
1장부터 인쇄가 가능하니 여러 그림들로 더
욱 다양한 스티커를 제작해 보세요.